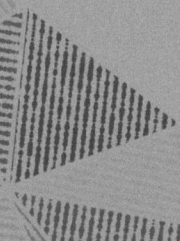

시선의 폭력

**편견사회에서
장애인권 바로보기**

장애 인권 헌장

장애인은 인간의 존엄과 가치를 가지며 행복을 추구할 권리를 가진다.

장애인은 건전한 사회구성원으로 책임 있는 삶을 살아가며 자신의 능력을 계발하여 자립하도록 노력하여야 한다.

국가와 사회는 헌법과 국제연합의 장애인 권리선언 정신에 따라 장애인의 인권을 보호하고 완전한 사회참여와 평등을 이루어 더불어 살아가는 사회를 만들기 위한 여건과 환경을 조성하여야 한다.

1. 장애인은 장애를 이유로 정치·경제·사회·교육 및 문화, 생활의 모든 영역에서 차별을 받지 아니한다.
2. 장애인은 인간다운 삶을 영위할 수 있도록 소득·주거·의료 및 사회복지서비스 등을 보장받을 권리를 가진다.
3. 장애인은 다른 모든 사람과 동등한 시민권과 정치적 권리를 가진다.
4. 장애인은 자유로운 이동과 시설이용에 필요한 편의를 제공받아야 하며, 의사표현과 정보이용에 필요한 통신·수화통역·자막·점자 및 음성도서 등 모든 서비스를 제공받을 권리를 가진다.
5. 장애인은 자신의 능력을 계발하기 위하여 장애유형과 정도에 따라 필요한 교육을 받을 권리를 가진다.

6. 장애인은 능력에 따라 직업을 선택하고 그에 따른 정당한 보수를 받을 권리를 가지며, 직업을 갖기 어려운 장애인은 국가의 특별한 지원을 받아 일하고 인간다운 생활을 보장받을 권리를 가진다.
7. 장애인은 문화, 예술, 체육 및 여가활동에 참여할 권리를 가진다.
8. 장애인은 가족과 함께 생활할 권리를 가진다. 장애인이 전문시설에서 생활하는 것이 필요한 경우에도 환경이나 생활조건은 같은 나이 사람의 생활과 가능한 한 같아야 한다.
9. 장애인은 사회로부터 분리·학대 및 멸시받지 않을 권리를 가지며, 누구든지 장애인을 이용하여 부당한 이익을 취하여서는 안 된다.
10. 장애인은 자신의 인격과 재산의 보호를 위하여 필요한 법률상의 도움을 받을 권리를 가진다.
11. 여성 장애인은 임신·출산·육아 및 가사 등에 있어서 생활에 필요한 보호와 지원을 받을 권리를 가진다.
12. 혼자 힘으로 의사결정을 하기 힘든 장애인과 그 가족은 인간다운 삶을 영위하기 위하여 필요한 지원을 받을 권리를 가진다.
13. 장애인의 특수한 욕구는 국가정책의 계획단계에서부터 우선 고려되어야 하며, 장애인과 가족은 복지증진을 위한 정책결정에 민주적 절차에 따라 참여할 권리를 가진다.

차례

장애 인권 헌장

프롤로그 아무도 돌아보지 않는다 6

말문이 막히다 모욕적인 말을 들어야 하는 사람들 15

'주변의 수런거림만 들려오는 깊은 침묵의 구렁' | 가슴에 새겨지는 말들
진실을 어떻게 알려야 할까? | 모든 진실을 알려야 할까? | 천국과 지옥 사이

이런 일이 나한테 일어날 리 없어 충격에 휩싸인 부모들 29

돌이 된 사람들 | 정신적 외상 | 현재가 과거를 다시 현실로 끌어들이다
애도의식 | 마음에 남은 흉터

"나는 다운증후군인데. 너는?" 소외감. 정체성. 이타성 51

시선의 폭력 | '다름'의 정체성 | 상실의 슬픔을 겪는 아이들
"나는 장애인이 아니에요!" | 흔들리는 정체성

"왜 그래요?" 아이들 머릿속에 맴도는 의구심 67

질문을 멈추지 않는 아이들 | 형제자매들도 불안하다 | 대답을 회피하는 어른들

근원의 수수께끼 죄의식, 인과관계, 망상   79
인과관계 추적하기 | 죄책감과 죄의식 | "장애에 걸렸다?"

혐오와 유혹 장애와 성   91
불편한 이야기 | 아이의 성 정체성 | 영원한 아이 | 금지된 출산
거부와 과시 : 프리아포스 | 화가 툴루즈 로트레크 | 혐오스럽거나 매혹적이거나

배척 남과 닮을 권리   111
위험은 '닮음'에 있다 | 소외와 통합의 역설 | '다른 사람과 같지 않은' 혼자?

내가 그를 죽이거나 내가 나를 죽이거나 온갖 형태의 살해   123
살해의 욕망 | 환상과 현실 사이에서 | 증오가 연민이 될 때
입을 다물다 | 군중 속의 고독

당신은 선택할 수 있다 윤리적 문제들   143
충분한 시간이 필요하다 | 새로운 의학기술
인간의 개념을 묻다 | 불가능한 선택

에필로그 모든 인간은 유일하다   156

프롤로그

아무도 돌아보지 않는다

> 깨진 마음을
> 아무도 돌아보지 않는다.
> 자신도 대단한 특권을 누리지 못해
> 고통받고 있으면서.
>
> 에밀리 디킨슨

정신분석학자인 내가 장애아와 그 가족에게 관심을 갖기 시작한 건 20년 전부터이다. 사실 나는 아주 우연한 계기로 이 일에 뛰어들게 되었다. 살면서 특별히 장애인에게 관심을 가질만한 아무런 계기도 없었다. 그런데 어느 순간 아주 열정적으로

이 일에 빠져있는 나를 보게 되었다.

  장애가 있는 아이들뿐 아니라 충격 때문에 말문이 막힌 부모들 곁에서 몇 년을 보내고 나서야 나는 내가 왜 말을 못 하는 사람들의 마음을 알고 싶어서 그렇게 애를 썼는지 깨닫게 되었다. 그리고 나는 누구도 귀 기울여주지 않고 누구도 마음을 이해해주려 하지 않는 아이들의 특별한 상황이 내게도 전혀 낯선 상황이 아니라는 것을 깨달았다. 내가 그 아이들의 대변인이 되려고 열정적으로 노력하는 것은 특수임상 분야의 전문가로서 가질 수 있는 관심을 넘어선 개인적인 얽힘의 징후로밖에 볼 수 없었다. 말 때문에 상처받은 사람들에게 내 목소리를 그토록 빌려주고 싶어 했다면, 나 또한 그들 중 한 사람이었던 적이 있지 않았을까?

낯선 세계에 있었던 경험

  같은 상황은 아니지만, 나도 살면서 그들처럼 말을 잃고 이방인이 되었던 적이 있었다. 그때 나는 열 살이었다. 우리 가족은 고국인 네덜란드를 떠나 프랑스어를 사용하는 나라로 이사를 했다. 이제까지 사용해오던 모국어는 아무런 의미가 없어진 세상에 갑작스럽게 내던져진 것이다. 나는 프랑스 학교에 다니게 되었는데, 학교에서 아이들이 하는 말을 전혀 알아들을 수 없었다. 내가 알고 있는 말은 전혀 쓸모가 없었다. 완전히 따돌려진 느낌이었다. 나는 당황스러웠다.

프랑스 학교에 다녔던 첫해에 선생님은 날마다 마르코 폴로의 세계일주여행 이야기를 했다. 강한 억양에 과장된 표정을 지으며 한껏 감정을 살려 이야기를 들려주었다. 학생들은 선생님의 입술만 바라보았다. 반 아이들 모두가 마르코 폴로의 모험에 감동을 받았다. 나만 빼고 모든 아이들이 말이다.

나는 말 한 마디 한 마디에 필사적으로 매달렸지만 전혀 이해할 수 없었다. 나는 그 무리 속에서 온전히 혼자였다. 나는 분명 그 무리에 속해 있는 것 같았지만, 그들과 느낌을 공유할 수는 없었다. 그래서 모두가 함께 느끼는 감동에서 소외된 느낌이 내게는 늘 아픈 기억으로 남아있었다. 그들이 일부러 작당을 하고 나를 밀어내서 내가 거부당하고 외로움을 느끼게 된 것도 아니라서 하소연할 데도 없었다.

언어를 빼앗긴 나는 말을 못 하는 아이들과 똑같은 처지였다. 나의 기분과 생각을 나눌 방법이 없었고, 그래서 정체성에 상처를 입었다. 그렇게 지낸 기간이 짧았다고 해서 그 경험이 덜 고통스러웠던 것은 아니다. 그때의 경험 때문에 나는 소외감, 거부당하는 느낌, 의사소통의 어려움이 문제가 되는 모든 임상상황에 특별한 감수성을 갖게 되었다. 그리고 장애에 대한 사람들의 시선에서 폭력성을 느끼게 되었다.

장애를 대하는 사회적 시선들

장애는 충격이다. 특히 어린아이의 장애는 견디기 힘들 만큼 충격적이다. 그래서 사람들은 장애가 있는 어린아이와 마주치면, 일단 시선을 피한다. 어린아이의 장애에 대해서는 말을 아낀다. 심지어 얼마 전까지만 해도 가족은 장애아를 이웃이 모르게 숨겼다.

장애는 용기를 잃게 한다. 생물학적으로 타고났다는 것은 결과를 돌이킬 수 없다는 뜻이다. 장애는 회복이 불가능하다는 특성 때문에 치료를 통해 나을 수 있다는 희망을 완전히 버리라고 강요하는 것이나 다름없다.

장애는 근심거리이다. 장애라고 하면 자원봉사나 자선단체부터 떠올리게 되는 이유이기도 하다. 장애는 선의를 일깨운다. 하지만 좋은 의도가 반드시 좋은 결과를 가져오지 않는다는 사실을 사람들은 안다.

장애아를 보고 있으면 마음이 편치 않다. 눈이 보이지 않는 아이, 귀가 들리지 않는 아이, 자기 몸을 마음대로 움직이지 못하는 아이들. 이런 아이들을 만나면 사람들은 당황한다. 게다가 장애아와 함께 있으면 평소 사용하던 의사소통 방식이 혼란에 빠지고 만다. 그 아이에게 어떤 방식으로 다가가야 할지 모르기 때문이다.

하지만 무엇보다도 장애는 두려움을 준다. 장애를 생각하면 기이한 이미지가 떠오르기 때문이다. 사람들은 누구나 완벽한 아이를 꿈꾼다. 하지만 장애아는 사람들이 상상해오던 어린이의 이상적인 이미지, 행복한 아이의 이미지를 깨뜨린다. 그렇기 때문에 두려움을 느낀다. 아이 때문에 느끼게 되는 우울한 감정들이 두렵고, 아이를 보면서 생기는 적대감이 두렵고, 아이처럼 될까 봐 두렵다. 장애아들은 마치 깨진 거울을 보는 것처럼 외면하고 싶은, 인간 내면에 있는 '이상함'을 드러내 보여주기 때문이다.

이런 여러 가지 이유 때문에 사람들은 장애아를 멀리한다. 그러므로 장애를 주제로 독자들의 관심을 끌려는 것이 얼마나 무모한 일인지 나는 안다. 장애인이라면 가까이 왔다가도 도망가게 마련이니 말이다. 하지만 특별한 운명을 타고난 사람들은 세상 어디에나 있다.

특별한 운명을 타고난 사람들

나는 장애아와 그 가족들을 조기사회의료활동센터CAMSP Centre d'action médico-social précoce 에서 만났다. 이 센터는 장애를 가진 0~6세 아이들을 위한 통합치료를 담당하고 있다. 아이를 치료할 때 부모와 긴밀하게 협조를 한다는 점, 장애 때문에 가족이 겪게 되는 어려움과 충격을 고려한다는 점이 이 센터의 가장 중요한 특징이다. 또 아주 어린아이를 장애 영역별로 나누어 치료하는 것이 바람직하지 않다는 사실이 밝혀졌기 때문에, 이곳에서는 장애와 관련된 모든 문제를 통합적으로 치료하기 위해 여러 장애 영역을 아우를 수 있는 의료진을 구성했다.

센터에서는 정신장애아와 신체장애아는 물론 두 가지 장애를 복합적으로 가진 아이들까지도 받아들였다. 나는 이곳에서 만난 아이들이 정신적으로 성숙할 가능성이 있다는 사실을 발견했다. 언어능력이나 지적능력이 심하게 떨어지는 아이들도 그런 능력을 갖추고 있었다.

점점 발전하는 아이들을 보면서 나는 놀라고 또 놀랐다. 자신의 장애와 자기 자신에 대해 생각해보려고 하는 분명한 태도에 놀랐다. 나는 장애아들과 그들의 특별한 상황을 지켜보면서 인간 정신의 경이로운 능력을 만나게 되리라고 확신했다. 하지만 아이들의 발작하듯 제멋대로 움직이는 몸짓과 어눌한 말, 뭔가 의미를 담고 있는 서툰 그림을 제대로 이해하려면 생각의 전환이 필요했다.

생각의 전환

이 아이들에게 내가 무엇을 해줄 수 있을까? 어떤 방법으로

이 아이들을 도울 수 있을까? 지극히 도덕적인 물음처럼 들리겠지만, 장애를 인정하고 장애아를 있는 그대로 바라보고자 함이다. 장애아를 있는 그대로 본다는 것은 아이의 결함을 있는 그대로 보는 동시에 아이가 표현하고 싶어 하는 공격성과 요구사항을 알아보게 된다는 것이다.

아이들은 나에게 어떤 말을 할까? 나에게는 고집스러운 믿음이 있다. 제대로 표현하지 못하지만 장애아들에게도 하고 싶은 말이 있다고. 하지만 이 아이들의 말을 들어주는 사람은 별로 없다.

어떻게 하면 아이들이 하고 싶은 말을 내게 스스럼없이 할 수 있을까? 이 아이들은 어떻게 보면 말을 빼앗긴 세상에서 살고 있다. 자신을 온전히 표현하기도 힘들고, 자신에게 엄청난 피해를 주는 '이상함'에 대해 설명할 방법도 없다. 그러니 아이들과 함께 찾아 나서야 한다. 제대로 표현하지 못하는 아이들의 이야기를 설명해줄 말을 찾아다녀야 한다.

아이들은 나를 어디로 이끌어 갈까? 나는 아이들이 자신들의 뜻대로 나를 이끌어 가도록 내버려두기로 했다. 오랜 시간 아이들을 지켜보면서, 나는 장애인을 포함하여 인간은 누구나 자신의 독자성을 의식하고 자신이 다른 사람들과 다르다는 점을 보여주려고 노력하고 있다는 확신을 갖게 되었다. 나는 정신분석이론과 경험적 지식이 가져다준 기본적인 생각을 바탕에 두고 아이들을 만났다. 침묵하는 가운데에서조차 서로 주고받는 이야기가 있고, 터무니없는 상황도 이해하게 되는 무엇인가가 늘 있는 법이다. 이런 만남은 진실한 여행자의 마음으로 시작해야 할 여행 같은 것이었다. 자유롭고, 편견이 없고, 언제든 여정을 바꿀 수도 있는 그런 여행 말이다. 무엇인가를 배우러 가는 사람의 마음자세가 되어야 하는 것이다.

그렇다면 장애아들이 무엇을 알려줄 수 있다는 말인가? 이 질문은 새로운 관점을 담고 있다. 장애아들은 불완전해서 감추고 보완해야만 하는 존재가 아니라는 점이다. 오히려 특별한 존재로 살아가는 경험을 우리에게 나누어줄 수 있고, 우리로 하여금 인류의 기원과 유래, 성과 죽음 같은 인간의 근본적인 문제에 대해 깊이 생각해볼 기회를 만들어주는 존재라고 생각할 수 있다.

아이는 자신만의 특별한 경험에 대해 뭐라고 말을 할까? 아이들에게 자신을 표현할 기회를 주고, 아이들의 숨겨진 내면을 이해하려고 노력할 때 우리는 이 질문의 해답에 가까이 다가갈 수 있다. 자신의 장애와 다른 사람들의 반응과 거북해하는 시선에 대해 스스로 생각해볼 수 있도록 기다려주고, 그들의 생각을 방해하지 않는다면, 아이들은 무슨 생각을 할까? 또 아이가 자기 생각을 말하려고 할 때 막지 않고 들어준다면, 아이는 무슨 말을 할까? 많은 사람들의 생각이 송두리째 흔들릴지도 모른다. 그래도 장애아의 이야기에 귀를 기울여보자. 그리고 아이로 인해 어쩔 수 없이 장애와 부딪쳐야 하는 장애아 부모들의 이야기도 그들의 입장이 되어 들어보자.

    나는 장애아와 그 부모들이 겪는 정신적인 변화를 연구하면서 그 길고 고통스러운 과정을 그들과 함께 하고 싶다. 또 사람들이 장애아를 보면서 느끼는 '이상함'에 대한 두려움 뒤에 무엇이 숨겨져 있는지 알아보려고 한다.

    일단, 회피하고 싶은 마음을 다잡고 '이게 남의 일만은 아니야.' 하고 장애를 받아들이게 되면, 장애는 누구에게나 생각해보고 토론해볼 만한 주제가 될 수 있다. 장애와 직접 관련이 없는 사람이라고 해도 말이다. 그리고 그렇게 관심을 가지게 되는 순간, 여러분 또한 왜 세상이 장애에 대해 그토록 편견 가득한 시선을 던지는지 묻게 될 것이다.

말문이 막히다

모욕적인 말을 들어야 하는 사람들

내 목소리는

아무 소리도 내지 못했다.

주변의 웅성거림으로

귀는 먹먹해졌고

넋이 나가

얼간이가 되어버렸다.

하지만 약하고

무기력한

내 목소리를

모욕적인 말을 하는

사람들에게

빌려줄 수 있기를

간절히 바란다.

오랫동안

나 역시 그들 중 한 사람이었다.

샤를 쥘리에

　　　　　　　레베카는 스물여섯 살에 첫아이를 낳았다. 임신기간 동안 별문제는 없었다. 그리고 남편이 분만과정을 지켜볼 수 있는 병원에서 편안한 마음으로 아이를 낳았다. 그런데 아이를 낳고 나서 레베카는 의료진들의 태도에서 언뜻 불안함을 느꼈다. 아이를 왜 바로 보여주지 않냐고 묻는 말에 간호사는 애매하게 대답을 얼버무렸다.

　"나는 뭔가 잘못되었다는 것을 금세 알아차렸어요. 마치 내 아이가 겪어야 할 불행을 예견하고 있었던 것 같은 느낌이었어요." 아이를 낳고 몇 년이 지난 뒤에 레베카가 나에게 한 말이다. 하지만 당시에는 애써 불안한 느낌을 떨쳐버리고 방이 너무 더워서 아이를 산모 옆에 둘 수 없으며, 곧 의사가 올 거라는 간호사의 말을 믿으려 했다고 한다.

'주변의 수런거림만 들려오는 깊은 침묵의 구렁'

레베카는 병실에 혼자 있었다. 이상하게도 혼자였다. 사람들 모두 마치 레베카에게 말 걸기를 꺼리는 것처럼 꼭 필요한 말이 아니면 하지 않았다. '병원은 늘 북적대는데, 왜 이 병실의 다른 침대는 비어 있을까?' 불안감이 점점 커졌지만 레베카는 자신의 의문을 확인할 길이 없었다. 뭔지 모를 야릇한 기운이 엄습해왔지만, 주변에서 자신을 안심시키기 위해 하는 대답에 매달리기로 했다.

다음날 아침, 산부인과 의사가 병실에 찾아왔다. 소아과 의사와 다른 의료진 두 사람과 함께였다. 하나같이 난처해하는 표정이었고, 선뜻 말을 꺼내지 못했다.

"난처해하는 그들의 태도를 보면서 나는 덜컥 겁이 났어요. 지금 이 순간부터 모든 것이 더이상 전 같지 않을 거라는 생각이 들었어요. 모든 것이 달라지리라는 것을 예감했지요."

아무도 말해주지 않았지만 레베카는 아이가 장애라는 것을 알아차렸다. 심지어 자신이 그 사실을 이미 알고 있었다는 생각마저 들었다. 실제로 이런 생각을 처음 한 게 아니었다. 모든 임산부들이 그런 것처럼, 임신기간 동안 머릿속을 떠나지 않던 두려움이 있었다. '내 아이한테 장애가 있으면 어떻게 하지?' 게다가 출산 직후에 언뜻 본 아이의 얼굴에서 장애의 흔적을 보았다는 생각이 들었다.

의사는 며칠 뒤 검사결과가 나온 뒤에야 확실한 진단을 내릴 수 있다고 말했다. 레베카는 의사들이 자신을 동정하고 있다는 느낌을 받았다. 잠시 침묵이 흐른 뒤 의사가 불쑥 아이에게 장애가 있다는 사실을 서둘러 알려주었다. 의사들 얼굴에는 곤란하고 고통스러운 이 일을 가능한 빨리 해치우고 싶어 하는 기색이 역력했다. 말의 앞뒤가 다름을 따질 새도 없었다. 의사들은 궁금한 게 있으면 물어보라고 했다. 물어보라고? 어떻게 질문을 할 수 있겠는가?

"그들은 내가 놀라서 말문이 막힌 것을 알고 있었을 거예요." 사실 레베카는 너무 충격을 받아 무슨 말을 해야 할지 몰랐고, 무엇을 물어봐야 할지 차근차근 생각할 수도 없었다. 충격 때문에 아예 말을 잃어버린 것이다. 그런 순간에 물어보라고 말하는 것은 그들이 의사이면서도 레베카가 얼마나 심각한 상황인지 이해하지 못하고 있다는 것을 의미한다. "그날을 기준으로 내겐 그날 이전과 그날 이후가 있어요. 내 인생은 둘로 나뉘었어요."

심지어 그날 의사들은 '방해받지 않고 슬퍼할 수 있도록' 레베카를 혼자 남겨두고 병실에서 나갔다. 그녀는 혼자 울었다. 나중에 레베카는 이 일을 용서할 수 없다고 말했다. 설사 해줄 것이 아무것도 없고, 불행을 함께 나눌 수 없다고 해도 혼자 울게 내버려두지는 말았어야 했다. 물론 경우에 따라 혼자 있고 싶어 할 수도 있지만 말이다.

예기치 않은 상황에 맞닥뜨리게 되었을 때, 의료진은 그때그때 느껴지는 자신의 감정에 따라 행동하기 쉽다. 두려움, 연민, 회피, 도와주고 싶은 마음 등 사람마다 느끼는 감정은 다양할 수 있다. 하지만 아무리 좋은 의도를 가지고 있더라도, 이런 상황에서 산모의 심리상태를 고려하지 않고 자기감정에 따라 행동하는 태도는 상대방의 고통을 회피하고, 장애아를 보면서 느끼게 되는 괴로움을 털어내려는 것에 지나지 않는다.

가슴에 새겨지는 말들

장애아가 태어났을 때 주변에서 하는 말들은 부모의 기억 속에 지워지지 않는 자국을 남긴다. 특히 의사나 간병인과 처음 나누었던 대화 내용을 부모들은 몇 년이 지난 뒤에도 놀라울 정도로 정확하게 기억한다. "나는 그 말을 어제 들은 것처럼 생생하게 기억해요."라고 했던 레베카처럼 말이다. 장애라는 현실이 그 말들을 한 마디도 빼놓지 않고 그대로 받아들이게 만든다. 그때 했던 말들, 당시의 기억들이 부모의 머릿속에서 끊임없이 되살아난다. "그때의 기억을 떨쳐버리지 못하겠어요. 너무 깊이 새겨져 있어요. 언제까지 그럴 것 같으냐고요? 모르겠어요. 평생 못 잊을지도 모르지요. 아니, 잊어버릴 수가 없어요."

심각한 정신적 충격을 안겨주는 사건의 특징은 오랜 세월이 흘러도 당시에 느꼈던 격렬한 고통이 전혀 무뎌지지 않은 채 그대로 간직된다는 것이다. 당시에 들었던 말도, 장면도, 기억도 그대로 남는다. 시간이 약이라는 말도 통하지 않는다. 기억은 서서히 희미해진다는 말도 통하지 않는다.

이제 막 태어난 자신의 아이가 다운증후군이라는 말을 들을 때 레베카는 혼자였다. 아이 아버지는 아직 아무것도 모르는 상태에서 아이의 장애를 혼자만 알고 있는 견딜 수 없게 고독한 상황이었다. 아침에 출근한 남편은 오후가 되어야 병원에 올 수 있었다. 레베카는 아이에게 장애가 있다는 이야기를 남편에게 직접 말해야 했다. 자신도 충격을 받은 상태인데 아이의 아버지인 남편에게 '불행을 알리는' 부담까지 떠안은 것이다.

의사들은 대개 아이 아버지에게만 아이의 장애를 알려서 산모에게는 남편이 말하게 하는 쪽을 선택한다. 유난히 불안한 상태이거나 정신적으로 약한 산모가 어떤 반응을 보일지 두렵기 때문이다. 그러니 레베카가 그 상황에서 얼마나 불안했는지 상상이 되는가?

"혼자 있는 몇 시간 동안 별의별 생각이 다 들었어요. 그때 느낀 공포는 평생토록 나를 놓아주지 않을 것 같아요. 남편에게 오라고 전화를 했어요. 다른 이야기는 하지 않았지요. 남편이 오기를 기다리는 동안 혼자 있으면서 뭐라고 말하는 것이 좋을까 생각했어요. 남편이 어떤 반응을 보일지 불안했어요. 그러면서도 당장 남편이 왔으면 좋겠다고 간절히 바랐어요."

혼자만 알고 있는 그 몇 시간은 몇 년과 맞먹는다. 이런 상황을 겪었던 부모들은 몇 년이 지나서도 당시를 회상하게 되면 끔찍한 경험이었다고 말한다. 혼자 있는 외로움 때문에 아이의 장애를 알게 된 충격은 더욱 커지고, 앞으로 어떤 상황이 벌어질지 생각하다 보면 상황을 마음속으로 하나씩 정리하게 된다. 충격을 덜기 위해서가 아니다. 그건 확실히 불가능한 일이다. 다만 아이의 장애가 가져올 여러 상황을 예측하고 그에 대처할 준비를 하려는 것뿐이다. 이 순간 부모들은 되도록 가장 덜 나쁜 상황이 주어지는 것 말고 다른 어떤 소망도 없다.

진실을 어떻게 알려야 할까?

내 경험으로 보나 이 주제를 가지고 이루어진 연구결과를 보나, 아이의 장애를 알려주려면 부모가 한자리에 있을 때 말하는 것이 바람직하다. 그래야 부모는 자신들에게 찾아온 시련을 처음부터 함께 나누고 함께 견뎌낼 수 있는 기회를 갖게 된다.

그런데 만약 어머니나 아버지 한쪽에게만 먼저 알린다면, 상황은 자칫 분리와 대립으로 치달을 수 있다. 레베카 또한 '이 사실을 나만 알고 있으니 혼자서 책임져야 하는 것은 아닐까?' 하는 생각이 들었다고 토로했다. 장애아가 태어나면 부모에게는 일시적으로라도 누구에게 책임이 있는지 정확하게 구분 지으려고 하는 순간이 찾아오게 마련이기 때문이다. 아이의 장애가 유전질환일 경우 더욱 그렇다. 그러나 부모가 서로의 책임을 구분 짓는 순간, 가족은 심리적으로 황폐해질 수밖에 없다. 아이에게 장애가 있다고 알게 된 순간, 부모 자신도 모르는 사이에 이미 존재하던 가족 갈등의 흔적을 쫓아가는 무의식적인 흐름을 만들어내기 때문이다. 장애진단의 충격은 이전의 불편했던 부부 관계를 뒤흔드는 기폭제가 된다. 그러므로 의료진은 아이의 장애를 알릴 때 부모가 함께 책임을 나눌 수 있는 최상의 상황을 만들어가야 한다.

이때 다른 가족의 지지 또한 중요한 역할을 한다. 아이의 장애를 알리는 중요한 순간에 다른 가족구성원이 함께 있다는 것은 큰 도움이 된다. 예를 들어 할머니, 이모, 고모, 삼촌은 아이의 부모가 의료진과 이야기를 나누는 바로 그 순간에는 도움이 되지 않을 수 있다. 하지만 점차 시간이 흐르면서 정말로 소중하고 애정 어린 지지자가 될 수 있다. 아이의 장애를 알게 된 처음 며칠 동안 마음을 나누면서 가족 간에 유대감이 깊게 자리 잡게 되고, 아이가 자라는 동안 많은 일에 도움을 주게 된다.

처음 아이의 장애를 알게 된 순간 심각한 정신적 충격을 받은 부모들은 그동안 맺어왔던 모든 관계를 잠시 끊고 싶은 마음이 든다고 한다. 친구들과 가족에게 버림받았다고 느끼는 일도 드물지 않다. 이럴 때 부모는 지독한 외로움에 빠지게 된다. 악순환은 그렇게 시작된다. 부모는 이 모든 불행을 불러온 장애를 거부하게 되고, 거부가 또다시 장애를 강화하는 악순환이 시작되는 것이다.

하지만 따뜻하게 위로받을 수 있는 애정 어린 환경이 만들어진다면, 부모들은 일시적이나마 마음 깊은 곳에서 올라오는 수치심을 벗어버리거나 적어도 덜어낼 수 있다.

모든 진실을 알려야 할까?

의료진에게는 또 다른 문제가 남아있다. 이 문제는 장애뿐만이 아니라 환자와 그 가족에게 정신적 외상을 입히는 진실을 알려야 하는 모든 상황에서 제기되는 문제이기도 하다. 의료진들의 의견은 둘로 나뉜다.

 진실을 알아야 할 권리가 있으므로 알고 있는 모든 것을 즉각 말해야 한다는 의견이 있다. 과연 한꺼번에 모두 말해야 할까? 이런 태도에는 몹시 걱정스러운 사실을 자기만 알고 있다는 부담스러움에서 빨리 벗어나고 싶은 마음이 자리 잡고 있다. 그렇다면 묻기를 기다렸다가 대답해주어야 할까? 이런 태도의 이면에는 모든 진실을 알려주지 않고 비밀을 간직하고 있겠다는 마음이 숨겨져 있다. 미국의 한 저명한 의사는 이렇게 조언한다. "오로지 진실만을 말하세요. 하지만 단번에 진실을 모두 알릴 필요는 없어요."

 장애아가 태어나면 의료진들은 아이를 어딘가로 옮겨 놓고 부모에게 아이의 장애를 알리는 경우가 많다. 아이의 이상징후가 수면 위로 떠올랐을 때 아이와 떨어져 있으면, 일반적으로 부모는 아이에 대해 공포반응을 보인다. 그럴 때는 오히려 아이와 부모가 신체적 접촉을 할 수 있도록 도와주어야 한다. 분만실에서 사람들이 갓 태어난 아기를 어르고 만지는 모습을 보면 부모가 긍정적인 느낌을 갖게 된다는 연구결과가 많이 나와 있다.

 아이와 처음 나누는 신체접촉은 이후에 부모들이 보이는 반응에 결정적인 역할을 한다. 부모가 눈으로 보지도 않았고, 손으로 만져보지도 않았고, 팔에 안아보지도 않았던 아이에 대해 불안한 말을 듣는 것은 이미 충분한 접촉을 했던 아이에 대해 그런 말을 듣는 것과는 몹시 다르다. 아무런 신체접촉도 없었던 아이가 장애아라는 얘기를 듣는 순간, 심지어 어떤 부모는 '아이의 존재가 차라리 세상에서 없어지는 것이 낫지 않을까, 의학적으로 그렇게 될 수도 있지 않을까?' 생각할 수도 있다.

아이는 부모에게 커다란 걱정거리가 되기 전부터 이미 몸으로, 냄새로, 모습으로, 살에 닿는 느낌으로 존재한다. 그런데 부모가 아이와 신체접촉을 하기도 전에 부모에게 장애를 알린다면, 아이는 존재하기도 전에 이미 장애아이다. 아이는 자기 이름을 갖기도 전에 병명이 이름처럼 따라다닐 위험성이 크다. 하지만 어설프게나마 부모가 아이와 최초의 관계를 만들어두면, 아이를 무조건 장애아로만 보지 않고 아이의 온 존재를 바라보는 데 도움이 된다.

천국과 지옥 사이

부모가 두려워하는 가장 전형적인 상황은 태어나자마자 확실하게 아이의 장애가 밝혀지는 경우다. 하지만 그런 일이 가장 흔한 일은 아니다. 태어나서 첫해를 지내는 동안 발달장애가 나타나는 경우가 가장 흔하다. 발달장애를 안 순간부터 의사를 만나 상담을 하고, 검사를 받고, 경우에 따라 입원을 하는 고통스러운 일들이 차례로 진행된다. 불안해하고 걱정하면서 부모는 극도로 고통스러운 시기를 보내게 된다.

운동지연, 근육의 긴장저하, 느린 두뇌회전, 사회성 결여 등 발달장애와 관련된 징후를 가장 먼저 알아채는 사람은 대체로 어머니이다. 특히 아이를 키워본 어머니들은 금세 알아차린다. 어머니는 처음에는 혼자 걱정하다가 주변사람들에게 말하고, 다음에는 의사를 찾아가 말한다. 그리고 이 과정에서 사람들의 불신에 부딪치게 된다. "어머님, 걱정이 지나치시네요. 아이를 너무 문제가 많다고 보시는 것 같아요." 특히 운동장애나 신경장애는 아이가 아주 어린 경우 전문가가 아니고서는 발견해내기 어렵다. 또 지속적인 관찰과 관심이 있어야 발견할 수 있다. 그런 만큼 전문적인 소견이 필요한데, 일반 의사나 소아과 의사들이 모두 그런 전문적인 능력을 가지고 있지는 않다. 아이의 문제를 제대로 상의할 수 없을 때 어머니는 혼자라고 느낀다. 그리고 아이의 발달과정에 뭔가 문제가 있다는 불안한 예감과 함께 죄의식을 느낀다.

병원에서 여러 가지 검사가 끝나고 나면 뇌성마비니 무슨 장애니 하는 진단이 내려질 수도 있다. 하지만 대체로는 진단명도, 장애의 원인과 예후도 명확하게 밝힐 수 없는 기능장애이거나 발달지연만 확인할 뿐이다. 이럴 때 부모는 모든 것을 상상할 수밖에 없다. 천국과 지옥 사이를 오간다.

그나마 부모가 바라는 건 의사들이 아무것도 찾아내지 못했고, 그래서 아이의 장래에 대해 아무런 말도 할 수 없는 상황이다. 그러다 아이가 지금의 상태에서 벗어난다면? 현재 발달이 지연되고 있는 부분을 극복한다면? 만약 이 모든 것이 심리적인 문제로 나타난 일시적 어려움이라면, 아이는 언젠가 회복되어 평범한 발달단계를 다시 밟을 수도 있을 것이다. 하지만 부모가 두려워하는 최악의 상황은 의사들이 부모에게 진실을 제대로 말해주지 않는 경우이다. 사실 그들은 알고 있는데 차마 부모에게 말하지 못한 것이라면 아주 심각하다.

극단적으로 나쁜 소식은 나쁜 말로 전할 수밖에 없다고 할 수도 있다. 아이에게 장애가 있다는 것을 '좋게' 말할 수 있는 방법은 없다. 하지만 중요한 것은 장애를 알리는 방식이 이를 알고 난 이후에 부모가 자신에게 닥친 시련을 받아들이는 태도에 아주 큰 영향을 끼친다는 사실이다. 의료진의 의료적 개입, 말, 선택이 부모에게는 모두 지워지지 않고 깊이 새겨진다. 그리고 그 이후로 아주 오랫동안 큰 힘을 발휘한다. 때로는 예기치 못한 결과를 가져오기도 하고, 때로는 숨겨지기도 하지만, 늘 아주 오랜 시간이 지나서까지 나타난다.

이런 일이 나한테 일어날 리 없어

충격에 휩싸인 부모들

어떻게 말로 다 표현할 수 있을까?
너는 죽을 만큼 고통스러운 이야기를
듣게 될 거야.
오, 받아들일 수도 없고, 피할 수도 없는
소식이어라!

　　　　　　　소포클레스

아들이 다운증후군이라는 말을 듣고 레베카는 '말문이 막혔다'고 했다. 이것은 아이의 장애로 인해 말로는 표현할 수 없는 고통을 느꼈다는 것을 의미한다. 부모는 당황스럽고 충격에 빠져있다. 심각한 장애진단을 받은 아이를 품에 안고 전문기관을 찾은 부모들은 대체로 그런 상태이다. 처음에는 자신에게 닥친 일을 말로 표현할 수도 없고, 이해할 수도 없다. 거부반응과 여러 가지 신체 징후가 나타나서 차분하게 앞뒤를 따져 생각할 여유조차 없다. 그래서 모든 부모들이 이 시기를 생각하면 흐릿하고, 텅 빈 느낌이고, 모든 것이 하얘지는 느낌이었다고 표현한다.

"몇 달 동안 아무것도 생각하지 않았어요. 막막했어요. 아기를 보면서 여자아이의 모습을 상상할 수도 없었어요. 어른이 된 모습도요. 그런 건 생각할 수조차 없었어요."

돌이 된 사람들

아이에게 장애진단이 내려지면 견디기 어려운 고통이 찾아온다. 심한 정신적 충격을 받은 부모들은 처음에는 돌처럼 굳어서 꼼짝도 하지 못하게 된다. 마치 그리스신화에서 메두사의 끔찍한 모습을 보고 돌이 된 사람들처럼 말이다.

메두사는 머리카락 대신 우글거리는 뱀들이 얼굴을 둘러싸고 있는데, 고대 로마의 시인 오비디우스Ovidius가 쓴 글을 보면, 메두사의 뱀들은 '적을 겁에 질리게 하고 공포에 빠뜨리는 공격무기'이다. 용감하게 메두사의 날카로운 눈과 눈을 맞추고, 메두사의 끔찍한 모습을 직접 눈으로 보는 사람은 모두 돌로 변했다. 메두사를 없애라는 임무를 맡은 페르세우스는 계략을 써서 메두사의 머리를 베는 데 성공했다. 눈을 마주치면 돌로 굳어버리기 때문에 거울처럼 반질반질하게 닦은 방패를 이용해 메두사에게 접근한 것이다. 그렇게 해서 메두사의 머리를 손에 넣었고, 전리품인 메두사의 머리를 무기로 사용해 적들을 물리쳤다.

아이의 장애를 알게 된 부모는 메두사의 머리를 보는 것이나 다름없는 시련에 맞닥뜨린다. 마주치게 되리라고 상상도 하지 못했던 것을 억지로 마주 봐야 하는 부모들은 돌처럼 굳어버리거나 시선을 피한다.

"다운증후군인 어린 딸과 처음 같이 있던 몇 달 동안은 아이를 똑바로 쳐다볼 수가 없었어요. 아이에게 젖을 먹이긴 했지만 아이를 보지 않으려고 했어요. 아이의 모습을 볼 수가 없었어요. 그래서 눈을 감고 젖을 먹였지요." 한 어머니가 이렇게 고백했다.

다행히 이 어머니는 아이가 어린이집에 가게 되면서부터 그런 두려움을 조금씩 극복할 수 있었다. 아이를 바라보는 다른 사람들의 시선을 보면서 마음이 놓였고, 자신도 전과는 다른 방식으로 딸을 보기 시작했다. 다른 사람의 시선을 통해서 자신의 아이를 볼 수 있었다. 장애가 아닌 딸의 모습을 볼 수 있게 된 것이다. 페르세우스의 방패가 그랬던 것처럼, 다른 사람의 시선은 이 어머니가 눈앞에 버티고 있는 공포와 힘들게 대면하지 않아도 되게 해주었다.

장애는 일종의 공포를 불러일으킨다. 그런데 이런 공포의 상황을 표현할 말이 없다. 어떤 방식으로도 표현되지 않는다. 한 어머니는 자신의 아이가 장애라는 말을 듣는 순간 오히려 불쾌할 정도로 정신이 맑아지면서 단 몇 분 동안에 너무나 많은 생각들과 장면들이 한꺼번에 머릿속으로 밀려들었다고 말했다. "눈 깜짝할 사이에 아이의 미래와 나의 과거를 한꺼번에 보았어요."

부모의 머릿속에는 불안한 미래, 새록새록 떠오르는 과거의 기억들이 너무 많다. 하지만 부모는 걷잡을 수 없이 밀려드는 생각과 장면에 휩쓸리지 않고 자신을 지켜야 한다. 당장 자신에게 닥친 상황에 대처하자면 완전히 잊어야만 한다. 그래서 결국 수만 가지 생각이 머릿속에서 복잡하게 돌아가는 이 고통스러운 순간이 나중에는 전혀 기억나지 않는다. 그렇다고 이때의 장면과 생각들이 사라진 것은 아니다. 정신의 깊숙한 곳, 무의식의 어딘가에 생생하게 남아있다. 그리고 언제든 바깥으로 나가겠다고 아우성을 친다. 무의식에 억압된 이 장면과 생각들이 불안의 근원이 된다. 그 불안이 어디에서 생겨났는지 인정하지 않는 한, 불안을 잠재울 수가 없다.

정신적 외상

장애아의 부모는 심각한 정신적 외상을 입는다. 심하면 병적인 증상이 나타나는 경우도 있다. 그런 경우에 부모는 '이상한' 반응을 보인다. 자신에게 닥친 예외적인 상황에 반발하는 부모들이 특히 문제가 된다. 극단적인 상황은 극단적인 해결책을 불러오기 때문이다.

프로이트와 같은 시대에 살았던 헝가리의 심리학자 산도르 페렌치Sandór Ferenczi는 '정신적 외상' 환자들을 대상으로 연구한 결과를 내놓았다. 첫째로 갑자기 사건이 터지면 정신은 외부세계에서 보내오는 정보들을 통합하는 임무를 원래 하던 대로 수행하지 못하게 된다. "예상치 못했던, 몹시 괴롭고 갑작스런 충격은 이를테면 정신의 마취제 역할을 한다. 그렇다면 이 마취제는 어떻게 생기는 것일까? 마취제는 모든 정신활동이 완전히 멈추면 생긴다." 즉, 정신적 외상을 입으면 가장 먼저 충격으로 생각하는 능력을 잃어버리게 된다는 것이다.

다른 특징은 전혀 준비하지 않았을 때 찾아온다는 점이다. 이런 일이 있다는 것을 알고 있었어도 '남의 일일 뿐'이라고 생각했기 때문에 실제로 내게 그런 일이 닥쳤을 때 속수무책일 수밖에 없다. 공격을 받은 사람은 도저히 이해할 수 없어서 일종의 분열상태가 된다. 정신적 외상은 정신구조 안에 생긴 개방성 골절이라고 할 수 있다. 흔히 드러난 골절 부위가 덮이기를 바라지만, 그런 바람은 번번이 이루어지지 않는다.

정신적 외상의 또 다른 특징은 세월이 약이라는 말이 통하지 않는다는 것이다. 부모들은 시간이 지나도 아무것도 변하지 않아 힘들다고 토로한다. "시간이 더 이상 전 같지 않아요. 파비앙이 태어난 날 우리는 전에는 전혀 알지 못했던 장애의 세계속으로 떨어졌어요. 그 뒤로 우리는 그곳을 떠나지 못하고 있어요." 부모가 어떤 도움도 받지 못했다면 모든 것이 그대로 굳어버린다. 달라지는 것은 아무것도 없다.

성인이 된 장애인을 지도하는 교육자들은 하나같이 장애인이 마흔 살이 되어도 그 가족들은 하나도 변한 게 없다고 이야기한다. 오래전부터 더 이상 아이가 아니지만, 여전히 그의 불행에 대해 비극적인 결론을 내려버린 가족들에 둘러싸여 어린 아이인 채로 살고 있는 것이다. 가족구성원 한 사람 한 사람은 각자가 맡은 역할 안에 갇혀있다. 자식을 위해 희생하는 어머니는 부상으로 받은 헌신이라는 이름 아래 화석이 되어간다. 아버지는 도피와 책임 사이를 오가며 교육자들이 흔히 말하는 '부재하는 아버지'가 된다. 형제자매들은 부모의 관심을 받지 못해도 아무렇지 않은 척 '가짜 무관심'을 선택하거나, 반대로 장애형제를 돌봄으로써 부모의 관심을 받는 '보상행동'을 선택한다. 그리고 당사자인 아이는 장애가 있는 아이로서 있어야 할 자리를 지킨다.

외상을 입히는 중대한 사건이 정신의 조직 안에서 통합될 수 있으려면 시간이 필요하다. 그것도 아주 많은 시간이 필요하다. 따라서 의료진들은 장애아 부모들이 상황을 단번에 이해하고 적응할 수 없다는 점을 이해해야 한다. 그래야만 거부하고 부정하고 공격적인 성향까지 보이는 부모들의 태도를 인정하고 받아들일 수 있기 때문이다.

전문기관에서 처음 상담하는 장애아 부모는 의료진들에게 좀처럼 말을 하지 않거나 강력하게 자기주장을 하는 적대적인 반응을 보이게 된다. 이때 의료진은 "부모들이 요구하는 것이 전혀 없다"고 말한다. 하지만 그 순간에 장애아 부모는 무엇을 깊이 생각하고, 자신을 되돌아보고, 문제를 제기할 여유가 없다. '당신에게 말을 한들 무슨 소용이 있겠어요? 그런다고 내 아이의 장애가 없어지지도 않을 텐데.'

부모는 오로지 아이의 장애와 관련된 사항만 물어본다. 그 당시에는 하루하루 일어나는 일에 대처하는 데 안간힘을 쓰고 있는 것이다. 몸을 움직여 뭔가를 해야 하고, 감정을 눌러야 하고, 견뎌야 한다. 온 힘을 쏟아야 한다는 절박함에서 벗어나 한숨 돌리면 그제야 우울한 생각과 불안한 감정들이 비집고 올라온다. 그래서 아이가 잘 지낼 때 오히려 우울증 상담을 하러 오는 어머니들이 많다. 질병, 위기, 전쟁 같은 상황에서 그런 것처럼, 위기가 지나고 난 다음에야 '정신적으로 무너져 내리는' 것이 가능해지는 법이다.

정신과 의사의 진료실을 찾은 부모들은 아이의 일상생활과 관련된 구체적이고 세세한 문제에 지나치게 몰두한 나머지, 자신의 정신적 고통에 대해서는 물어볼 생각조차 하지 못하는 듯하다. 하지만 그 모습에서 부모의 불안과 아이에 대해 느끼는 어려움들을 충분히 알아챌 수 있다. 장애아의 부모는 일상의 소소한 근심을 통해 자신의 불안을 전달할 수밖에 없다는 점을 이해해야 한다. 언젠가 동료 중 한 사람이 "그렇다고 어머니와 아이의 배냇저고리 색깔을 가지고 이야기를 나눌 수는 없잖아요."라고 말한 적이 있었다. 못할 것 없지 않을까?

한 어머니는 장애가 심한 어린 아들을 위해 늘 밝은 색깔 옷을 사준다고 내게 말했다. 그리고 이야기를 나누는 동안에 갑자기 이런 밝은 색깔에는 아마도 거부의 의미가 담겨있을 거라고 스스로 털어놓았다.

"딸 옷을 살 때는 엷은 파스텔 톤의 색깔을 골라요. 내 옷도 마찬가지지요. 나는 눈에 띄지 않는 색을 좋아해요."

"그런데 왜 밝은 색깔의 옷만 입히세요? 슬픔을 감추기 위해서?"

"…… 그러고 보니 이상하네요. 그런 생각을 전혀 해본 적이 없었어요. 사실 나는 아들 때문에 많이 울어요. 아들 때문에 걱정도 많이 해요. 그런데 아들한테 밝은 색 옷을 입혀요. 아마 내가 슬픈 생각에 잠겨있다는 것을 감추려고 그러는 것 같아요."

배냇저고리 색깔 이야기도 좋고, 지하철 코스에 대한 이야기, 아이와 함께 다니는 것이 귀찮다는 이야기, 장난감을 고르는 이야기 어떤 것도 좋다. 서두르지 않고 여유 있는 태도로 부모의 이야기에 귀를 기울여준다면, 사소한 대화를 시작으로 부모는 아이의 장애와 관련한 깊은 속내를 털어놓게 될 것이다. 부모들은 현실적인 여러 문제가 나머지 모든 것들을 가릴 정도로 힘에 부친 상황이다. 부모역할을 수행하는 현실의 영역에서 정신의 영역으로 문제의 초점을 옮겨가려면, 의료진의 많은 배려와 수완과 인내가 필요하다.

현재가 과거를 다시 현실로 끌어들이다

마틸드 어머니가 건강한 아들 빅토르를 낳았다. 첫째인 다섯 살 마틸드는 중증 뇌질환장애가 있다. 빅토르가 태어나자 어머니는 더욱 마틸드에게 매달렸다. 자신이 마틸드를 거부하게 될까 봐 두려워서 빅토르는 거들떠보지도 않을 정도였다. 어머니는 딸에 대한 거부감을 느끼고 있었다. 하지만 딸에 대한 자신의 감정을 표현할 수는 없었다. 이상하게도 어머니는 이중적인 감정을 느끼고 있었다. 오히려 딸이랑 조금이라도 떨어져 있으면 자신의 거부감을 딸이 알아차리게 될까 봐 특히 두려워했다.

빅토르를 낳은 처음 몇 주 동안 마틸드 어머니는 그런 자신에게 환멸을 느꼈다. 볼이 통통하고 생기가 넘치는 이 예쁜 아기와 함께 있는 행복감을 인정할 수 없었다. 행복을 인정하게 되면 마틸드를 키우면서 느끼는 불행도 인정해야 하니까. 그런데 어머니는 자기 생각과는 달리, 실제로는 자기도 모르게 기쁜 마음으로 빅토르에게 젖을 먹이러 달려가곤 했다. 하지만 이 행복감을 절대로 느끼면 안 된다고 생각했다. 마틸드가 상처받을 수 있기 때문이다.

어머니는 마틸드가 자신에게 "나를 낳았을 때도 그렇게 기뻤어요? 나한테도 똑같이 그렇게 했어요?"라고 물어보는 상상을 했다. 마틸드의 눈이 꼭 그렇게 물어보는 것만 같았다. 그리고 이 물음은 장애가 있는 어린 딸과 함께 있을 때는 빅토르와 있을 때처럼 기쁘지 않다는 부끄러운 진실을 들춰냈다.

그런데 어머니가 상담 도중에 꺼낸 말 한 마디가 또 다른 진실, 또 다른 부끄러움을 들춰냈다. "마틸드는 우리를 실망시켰다는 무거운 짐을 지고 있어요." "아마도 그럴 거예요. 그렇지만 어머니는 자라면서 부모님을 실망시켰던 적이 한 번도 없었나요?" 내 질문에 어머니는 자신의 어린 시절을 떠올렸다. 그리고는 자신의 어린 시절에 어머니가 다른 형제들을 돌볼 때보다 자기를 돌볼 때 그다지 즐거워하지 않는다는 느낌을 항상 받았다고 말했다. 부모님이 나이가 많아서 더 이상 아이를 원치 않을 때 자신이 태어났기 때문이라고 했다. 그러니까 마틸드가 자신에게 한다고 상상했던 물음이 실은 어린 시절에 자신이 어머니에게 묻고 싶었던 질문이었다.

마틸드 어머니의 이야기는 아이의 장애가 부모로 하여금 어린 시절에 가졌던 심리적 갈등과 죄책감을 다시 떠올리게 한다는 것을 보여준다. 이런 감정은 장애아가 태어나기 훨씬 이전에 일어난 어떤 사건에 숨겨져 있던 것이다. 정신분석학자들은 이런 심리작용을 '사후성'이라고 부른다. 아이의 장애로 부모가 정신적 외상을 입으면, 일상적으로 작동하던 방어기제가 깨지면서 과거의 사건과 여러 가닥의 실로 연결되어 있는 정신의 깊숙한 곳으로 현재의 사건이 들어오게 된다. 그리고 현재의 사건이 무의식의 환상을 되살아나게 한다. 다시 말하면 무의식의 환상에 새로운 에너지를 불어넣어 오래전에 잊은 것처럼 보였던 심리적 갈등과 상처를 되살아나게 한다. 그러므로 장애아를 대하는 부모의 반응은 항상 현재의 사건으로 입은 정신적 외상과 과거에 경험한 심리적 갈등과 상처가 한데 어우러져 결정된다.

이와 같이 어린 시절에서 비롯된 개인의 심리적 상황을 정신분석학자들은 '유아신경증'이라고 부른다. 그리고 과거의 사건이나 무의식적 환상이 의식의 표면으로 불쑥 튀어나오도록 유도하여 현재의 시점에서 그 숨겨진 의미를 되짚어 찾아가 보는 것을 정신분석적인 접근방법이라고 말한다. 이 연상작용을 통해 저마다 다른 개인적인 이야기가 드러나면서 정신분석가와 내담자는 특별한 관계를 맺는다.

딸을 낳고 처음 나를 찾아왔을 때 마틸드 어머니는 무척 우울한 상태였다. 표정은 딱딱하게 굳어있었고, 말도 없었고, 눈물도 흘리지 않았다. 아이 때문에 응당 겪어야 할 슬픔의 과정을 시작할 수 없는 상태였다. 그러다 몇 차례 상담이 진행되었을 때 마틸드 어머니가 생각지도 못했던 일로 눈물을 흘렸다. 딸 때문은 아니었다. 뜻밖에도 열세 살 때 돌아가신 자신의 어머니 이야기를 하면서 눈물을 흘렸다. 이전에는 어머니의 죽음 때문에 운 적이 한 번도 없다고 했다. 오히려 당시에는 반발심에 휩싸여 상실의 슬픔을 느끼지도 못했다고 말했다. 그 뒤로 몇 달 동안 마틸드 어머니는 상담할 때마다 울었고, 자신이 가지고 있으리라고 생각조차 하지 못했던 감정들이 솟아나는 것을 보면서 놀라워했다. 꼭꼭 숨어있던 이런 감정들이 딸의 장애에 슬픔을 느낄 수 없도록 가로막고 있었던 것이다.

또 상담과정에서 마틸드 어머니는 자신이 어머니의 죽음을 돌아가시고 한참이 지난 뒤에야 알게 되었다는 사실을 기억해냈다. 몇 주 동안이나 무슨 일인지 모른 채 불안한 마음으로 지냈다고 했다. 더 정확히 말하면 가슴에 담고 있기에는 버겁고 무거운 비밀을 안고 지냈다. 아이들이 보통 그러는 것처럼 사람들이 자신에게 뭘 숨기고 싶어 하는지 이미 알고 있었기 때문이다. 그러니까 마틸드 어머니는 의료진이 아이의 장애에 대해 바로 말하지 않았기 때문에 자신이 과거에 겪었던 일을 또 다시 겪은 셈이다. 어머니의 죽음에 대해 말할 수 있게 된 그날 마틸드 어머니는 자신에게 심각한 정신적 충격을 가져다준 딸의 장애도 인정할 수 있게 되었다. 그러자 비로소 말문이 트였다. 마틸드 어머니는 마침내 장애가 있는 자신의 아이에 대해 말할 수 있게 된 것이다.

정신과 의사의 개입은 언제나 정교화 작업이다. 더 정확히 말하자면, 현재의 시점에서 과거의 심리적 갈등과 상처를 정확하게 인식하고 새롭게 재해석하여 현재의 사건이 가진 의미와 깊이를 폭넓게 이해하는 정신작업이다. 의료진의 개입이 제대로 이루어져야 장애라는 현실이 가져다주는 고통 이상으로 부모들을 괴롭히는 가책을 덜어줄 수 있다. 또 자식에게 희생하는 역할에만 충실하도록 스스로를 가두는 연민에서 부모들이 빠져나올 수 있고, 불행을 피할 수 있다.

애도의식

장애아를 둔 부모는 아이의 모습을 깨진 거울을 통해서 본다. 깨진 거울에 비친 아이의 모습에서 부모는 자신과 닮은 점을 찾아내기 어렵다. 거울 속 아이가 자신이 기다리던 아이라는 것을 도저히 인정할 수가 없다. 장애아는 부모가 꿈꾸었던 그런 아이가 아닌 것이다. 그래서 부모들은 마음속으로 그리던 아이를 잃은 슬픔에 대해 말한다. 상상하던 아이와 너무 달라서 장애아가 자기 자리를 찾도록 해주려면 먼저 마음속으로 그리던 아이를 잃은 애도의식을 치를 필요가 있다.

하지만 나는 애도의식이라는 개념이 장애아 부모들에게 과연 적절한 것인가 묻고 싶다. 마음속으로 그리던 아이를 과연 이 부모들이 언젠가는 포기할 수 있을까? 도저히 받아들일 수 없던 것을 받아들일 수 있게 될까? 내 생각에는 차라리 어떻게 하면 부모들이 도저히 받아들일 수 없는 것을 받아들일 수 있게 될지, 어떻게 하면 그렇게 되도록 도와줄 수 있을지 고민해 보는 것이 더 나을 것 같다.

어떤 아이가 태어나든 부모들은 상실을 슬퍼하는 과정을 겪게 된다. 부모라면 누구나 자기 아이들에게 펼쳐질 멋진 미래를 꿈꾸고, 모든 아이들은 어쩔 수 없이 환상을 가지고 있는 부모들을 실망시킨다. 그리고 부족한 점도 있고, 능력에 한계도 있지만 아이들은 자기만의 개성을 보여주고, 부모는 있는 그대로의 아이를 받아들이는 과정을 겪게 마련이다. 이상적인 아이의 이미지를 포기하고 나면 현실 속의 아이는 또 다른 기쁨을 가져다준다. 누군가를 잃는 슬픔의 과정은 결국 잃어버린 대상이 있던 자리에 다른 어떤 것을 가져다 놓는 상징화 과정이 된다. 그런데 아이의 장애를 알고 충격을 받은 부모들은 이런 상징화 과정을 거칠 수 있는 상태가 아니라는 점이 문제이다.

장애아를 둔 한 아버지가 이런 말을 했다. "사람들은 보내주는 의식이 필요하다고 하지요. 하지만 애도의식이란 것은 누군가 죽었다는 것을 의미하는 것이잖아요……. 내 아이는 죽지 않았어요. 장애가 있지만 버젓이 세상에 살아있어요. 죽음보다 큰 고통이지요. 이런 경우엔 슬픔이 항상 현재진행형이에요." 잃어버린 대상이 있던 자리를 대체하지 못하게 막는 현존하는 대상도 있기 때문이다. 장애아는 매일매일 자신의 존재를 통해 부모가 잃어버린 것이 무엇인지 생생하게 보여준다. 지금 곁에 있는 아이를 보면서 부모는 그들이 바라고 꿈꾸던 아이의 존재를 끊임없이 떠올릴 수밖에 없다. 아이러니하게도 살아있는 아이가 부모가 바라고 꿈꾸던 아이의 죽음을 자꾸 일깨운다.

시간은 고통을 아물게 하기는커녕 어려움만 키운다. 운동장애가 있는 아이들에게 운동신경 발달은 문제를 해결해주지 못하고 오히려 새로운 문제를 만들어낸다. 몇몇 아이들은 네 살에서 여섯 살 사이에는 혼자 걷다가 자라면서 점점 걷는 능력을 잃어 열 살 무렵에는 휠체어에 앉게 된다. 정말로 어렵게 얻은 능력을 포기해야 하는 고통스러운 경험을 하게 되는 것이다.

부모의 처지도 다르지 않다. 시간은 끊임없이 새로운 문제를 안겨주고, 해결된 것처럼 보였던 문제들을 다시 수면 위로 떠오르게 만든다. 자신들이 죽은 뒤에 아이는 어떻게 될지도 불안하다. 장애가 있는 성인들을 위한 시설이 질적으로나 양적으로나 부족하다는 구체적인 문제도 있다. 게다가 나이가 들수록 장애아와 비장애아 사이의 차이는 점점 커진다. 아이들이 성에 눈을 뜨게 되면 부모들은 견디기 힘든 모습들을 접하게 된다.

깨진 거울, 상실의 슬픔조차 허락하지 않는 존재, 심각한 장애를 가진 아이를 키우는 부모에게는 넘어야 할 큰 산이 또 하나 있다. 아이에게서 어떻게 자신과 닮은 점을 찾아내느냐 하는 문제이다. 부모와 자식 사이에는 동일화 과정이 반드시 필요한데, 그렇게 해줄 만한 끈이 끊어져 있다는 것이 장애의 끔찍한 특성이기도 하다.

장애아는 부모를 완전히 다른 사람으로 만들어버린다. 부모들은 아이를 이해하고 알아보는 자연발생적인 능력을 잃었다. 어느 어머니는 아들의 크리스마스 선물을 나에게 골라달라고 부탁하기도 했다. "어떤 장난감이 우리 아이 마음에 들까요? 아이가 원하는 게 뭘까요? 아이는 뭘 할 때 즐거울까요?" 이 어머니는 발달이 너무 느리고 불확실한 아들에게 자극을 줄 수 있는 교육적 가치가 있는 장난감을 사주어야 한다는 생각에 사로잡혀 있었다. 하지만 무엇보다 이 어머니는 장애가 있는 자신의 아이가 당황스럽고, 도저히 아이의 입장에서 생각할 수 없는 상태임을 보여준다. 부모 자식 사이에 당연히 있을법한 감정, 예를 들어 아이에게 줄 크리스마스 선물을 고르면서 자신의 어린 시절을 추억하는 즐거움, 아이를 즐겁게 해주는 기쁨이 아이의 장애 때문에 갈 곳을 잃고 만 것이다.

이처럼 아이의 장애는 부모로 하여금 아이의 모습 속에서 자신의 모습을 찾아내지 못하게 하고, 아이를 한없이 낯설게 느끼게 만든다.

마음에 남은 흉터

이와는 정반대로 장애가 있는 아이와 온전하고 깊게 동일화하는 부모들도 있다. 아이의 불완전하고 결핍된 모습을 상처 입은 어린 시절 자신의 모습으로 받아들인 부모는 아이를 절대로 곁에서 떼어놓지 못한다. 온전하지 못해서 의존할 수밖에 없는 아이와 부모의 관계는 서로 떼어놓을 수 없는 공동운명으로 묶인다. 어머니는 자기 자신을 희생하고, 여자로서의 삶과 부부의 삶을 희생하고, 사회생활을 포기한 채 아이를 위해 혼신의 힘을 쏟는다. 그야말로 완벽한 헌신이다.

정신분석학자들은 이런 관계를 '공생관계'라고 부른다. 이런 관계에는 제삼자가 끼어들 여지가 없다. 둘을 절대 떼어놓을 수 없다. 이 둘이 어쩔 수 없이 하나라는 걸 이해하지 않으면 의료진들은 치료방법을 잘못 선택하게 될 위험이 크다. 게다가 잘못된 선택으로 치료가 실패할 때마다 공생관계는 더욱 강화

돼 외부세계에 대한 적대감만 키우는 셈이 된다.

그러므로 의료진들은 이 관계를 기본적으로 유지하면서 실질적인 지원방안들을 모색해야 한다. 또 어떻게 하면 어머니와 아이가 각자의 생활을 해나갈 수 있을지 고민해야 한다. 처음부터 그들을 따로 떨어뜨려 놓는 것은 불가능하다. 둘 중 어느 한쪽하고만 말을 하는 것도 불가능하다. 그러므로 처음에는 그들에게 함께 말을 걸어야 한다.

랄프와 그의 어머니도 공생관계에 있었다. 초기 몇 번의 상담은 무척 어려웠다. 랄프 어머니는 입을 다문 채 고집스럽게 웅크리고 있었다. 하지만 나는 계속해서 말을 걸었고, 랄프에 대해서 물어보았다. 그러던 어느 날 뜻하지 않은 순간에 랄프 어머니가 말문을 열었다. "선생님은 이해해주시는군요. 저에게 질문을 하고, 랄프에게 말을 걸어주시네요." 이 어머니를 지옥과도 같은 고통스러운 침묵에서 벗어나게 해준 것은 내가 자신의 아들에게 말을 걸었다고 느낀 순간이었다. 정확히 말하면, 나는 랄프 어머니의 내면에 있는 어린아이, 부모 누구나 내면 깊숙이 간직하고 있는 특별한 존재인 아이에게 말을 걸었던 것이다. 아이가 아프고 약할수록, 부모는 더욱 긴밀하게 연결되기 마련이다. 랄프 어머니는 아름다운 은유법을 사용해 아이를 낳을 때 했던 제왕절개수술이 '마음의 흉터'를 남겼다고 표현했다. 아이의 상처는 부모에게도 상처이다. 부모는 그 상처를 자신의 몸과 마음에 새긴다. 그런 상처를 '자기애적인 상처'라고 한다.

이런 식의 동일시는 정신의 아주 근원적인 영역에서 무의식적으로 이루어진다. 하지만 때로는 동일시가 몸으로 나타나기도 한다. 부모가 아이와 비슷한 건강문제를 보이는 경우는 드물지 않다. 어떤 어머니가 발목 골절로 깁스를 하고 있었는데, 아이는 운동장애가 있어서 정기적으로 깁스를 해야 하는 상태였다. 어떤 시각장애아의 어머니는 시각근육이 마비된 사례도 있다.

이런 증상들은 부모가 원초적으로 아이와 동일시할 때 나타난다. 심각한 경우, 부모가 아이를 완전히 자신의 일부로 받아들여 내재화하는 '합일화incoporation'에 이르기도 한다. '합일화'는 어떤 의미에서 상실의 아픔을 견디는 방식이기도 하다. 소중한 존재를 잃고 나면 주변사람들이 그 사람의 습관을 따라 하거나 취미나 생각을 자신의 것으로 만들어버리는 경향도 보이지 않던가.

장애아와 함께 살아가는 부모가 상실의 슬픔을 병리적으로 드러낸다면 그것은 문제가 된다. 정신분석학자 마리아 토록은 상실의 아픔 때문에 생기는 질병에 관한 연구에서, 애도의식을 치룰 수 없는 사람들은 잃어버린 대상을 합일하고 잃어버리지 않았다는 태도를 취하게 된다고 말했다. "합일된 대상이 잃어버린 대상을 대신한다. 하지만 합일된 대상은 늘 잃어버린 다른 어떤 것을 떠오르게 할 것이다. 욕망이 억압된다는 말이다. 이럴 때 합일된 대상은 추모비라고 할 수 있다. 추모비에는 욕망이 실현되지 못하고 물러나야 했던 순간의 상황, 날짜, 장소가 새겨진다. 그러므로 '나'의 삶에는 수많은 무덤들이 있다."

'합일화'는 아이와 함께 부모인 자신도 파괴될 위험을 무릅쓰고서라도 아이를 자신과 한 몸인 것처럼 꽁꽁 싸서 데리고 있으려는 것이다. 이는 가혹한 세상의 공격에 맞서 아이를 지키고 보호하기 위한 사랑의 한 형태이지만, 이런 사랑은 위험하다. '합일화'는 대상을 게걸스럽게 집어삼키는 경향이 있기 때문이다. 이런 관계는 점점 더 의존적이 되어 서로가 서로를 자라게 하는 양분이 되는 방법을 전혀 알지 못하게 한다.

"나는 다운증후군인데, 너는?"

소외감, 정체성, 이타성

"이방인은 어떤 사람이에요?

이방인은 당신이 고향에 살고 있다는 것을
확실하게 느끼게 해주는 사람입니다."

에드몽 자베스

마리는 다운증후군이 있는 다섯 살 난 여자아이다. 생기 넘치고 장난꾸러기인 마리는 '다운증후군'이라는 말에 마음을 빼앗겼다. 마리는 매주 병원에 가는데, 그때마다 대기실에 앉아있는 어른들에게 큰 소리로 말을 건다. "나는 다운증후군인데, 아저씨는요?" 이런 질문을 받은 사람들은 당연히 깜짝 놀라고 당황한다.

자신의 정체성을 탐색하기 위해 마리가 계속 이런 질문을 던진다면, 마리는 모든 장애아들이 그랬던 것처럼 수많은 복병을 만나게 될 것이다. 마리에게는 자신의 가족들, 그리고 또래들과도 다르다는 '낙인'이 찍혀있다. 그렇다면 이 아이는 어느 누구를 통해 자기 정체성을 확인받을 수 있을까? 다름이 끊임없이 아이를 규정하고 있는 상황에서 말이다. 그래서 이 아이는 필사적으로 사람들과 다른 자신의 이미지를 드러내 보여줄 거울을 찾는다. 나르시스가 그랬던 것처럼.

시선의 폭력

영국의 정신분석학자 위니콧Winnicott은 인격을 형성할 때 어머니의 시선이 중요한 역할을 한다는 사실을 밝혀냈다. 위니콧은 어머니의 표정이 아이에게 거울보다 먼저 거울의 역할을 한다고 말한다. 자신의 논문 〈가족과 어머니의 거울역할〉에서 위니콧은 "어머니의 얼굴을 향해 눈길을 돌렸을 때 아이는 무엇을 볼까? 보통 아이가 보는 것은 자기 자신이다. 다시 말하면 어머니는 아이를 바라보고, 어머니의 얼굴에 나타나는 것은 어머니가 본 것과 직접적으로 관련이 있다."고 설명한다. 그러므로 아이는 어머니의 눈이라는 아주 특별한 거울 속에서 자신의 모습뿐만 아니라 자신을 바라보는 어머니의 감정도 본다. 자신을 바라보면서 어머니의 기분이 어떻게 변하는지, 자신이 어머니에게 어떤 존재인지를 보는 것이다. 그렇다면 장애아들은 어떨까? 당황스러워하고, 우울하고, 자신을 피하는듯한 어머니의 눈빛을 보게 되지 않을까?

시선 때문에 마음의 상처를 받는 경험은 실제로 삶에서 중요한 역할을 한다. 모든 장애인들이 시선 때문에 받은 상처를 이야기한다. 자신을 탐색하듯 살피거나 외면하는 시선은 견디기 힘들다. 신체장애가 있는 사춘기 소녀는 집 밖에 나가지 않고 인터넷을 하면서 주말을 보내는 이유를 이렇게 말했다. "사람들은 나를 쳐다보지 않는 척을 해요. 하지만 나는 슬그머니 다른 곳으로 눈을 돌리는 걸 보죠. 가끔은 나를 빤히 쳐다보는 사람도 있어요." 너무 빤히 쳐다보는 시선은 저질스러운 호기심을 내보인다. 눈길을 주지 않는 행동은 거부를 의미한다. 시선이 소녀의 모든 것을 압도하고, 소녀는 타인의 시선에 의존하게 되면서 크게 흔들린다.

마리도 타인의 시선이 가하는 폭력에 아픔을 겪고 있다. 마리는 유치원에서 특별대접을 받는다. 모든 아이들이 마리 곁에서 마리를 돕고, 마리를 보호하고, 마음대로 다룬다. 하지만 이런 식의 지나친 배려 때문에 마리는 인기연예인 역할이나 마스코트 역할만 하게 된다. 마리는 어디를 가든 남들이 다 쳐다보도록 눈길을 끌만한 행동을 한다. 마치 다른 사람의 시선을 잡아끌도록 강요당하고 있는 것처럼 말이다. 마리는 자신이 결코 기대할 수 없는 멋진 모습으로 다른 사람의 눈이나 거울에 비춰지기를 간절히 바라고 있는 것이다. '그림자일 뿐인 것을 자신의 몸이라고 착각'하고 있다.

'다름'의 정체성

　나는 장애아들을 만나면서 이 아이들이 아주 일찍부터 자신이 다르다는 사실을 깨닫는다고 확신하게 되었다. 이 아이들은 아주 어릴 때부터 현실을 보기 시작한다. 아이의 현실에는 실망과 좌절, 그리고 실패가 있고, 사람들이 기대한 것과 자신이 할 수 있는 것 사이에는 커다란 간격이 있다. 아이는 다른 아이들과 자신을 비교한다. 그리고 자신이 바라는 것, 사람들이 자신에게 요구하는 것을 이루어 내기 위해 얼마만큼 노력해야 하는지를 가늠한다. 장애아들은 비록 자신은 가져보지 못한 능력이라 해도 다른 사람들의 모습에서 자신의 다름을 알게 된다.
　예를 들어 직립보행은 인류에게 그렇듯 개인의 발달에서 가장 기본적인 단계이다. 땅에 발을 딛고 똑바로 서 있게 되면서 아이는 세상과 자기 자신에 대해 새로운 시선을 갖게 되기 때문이다. 그런데 일반적으로 서기 시작하는 시기에 운동능력에 문제가 있거나 뇌신경에 장애가 있어 제대로 서지 못하면 아이의 정체성은 심각하게 손상된다. 그래서 운동능력이 나아지거나 보조기구의 도움을 받아 설 수 있는 상태가 되었을 때 세상과 타인에 대한 아이의 태도가 순식간에 변하는 것을 볼 수 있다. 유치원 수업시간에 말없이 뒤로 물러나 있던 아이가 보조기구를 착용하면서 다른 아이들에게 말을 걸고, 수다쟁이가 되고, 심지어 고집쟁이가 된다.

확실하게 드러나는 신체장애부터 정신장애까지 어떤 식의 장애가 되었든 아이는 장애로 인한 '다름'을 인식하고 있다. 아이들은 자신에 대해서든 다른 사람에 대해서든 다르다는 것에 지극히 예민하다. 일단 다르다는 것을 알게 되면, 아이들은 자신이 다른 사람들과 얼마만큼 다른지 판단하고 이해하려고 노력한다.

아이들은 누구나, 설령 지적장애가 있는 아이라 해도 자신이 누구인지 어디에서 왔는지 알아내려 하고, 결국에는 다른 사람과 자신을 구별하게 해주는 자신만의 특별한 점을 찾아낸다. 자신의 언어능력, 인지능력, 운동능력이나 형상화능력이 다른 아이들에 비해 떨어지는 것에 대해 미심쩍은 불안감을 안게 될지언정 말이다. 이 아이들은 자신이 다르다는 점을 자기 정체성으로 받아들이고, 장애 때문에 상처를 입게 되는 현실과 타협할 수 있는 지점을 찾아야 한다. 또한 자신의 '다름'을 보완해 줄 대안을 찾고, 능력에 넘치는 일을 하겠다고 의욕만 앞세우다 좌절하지 않아야 한다.

운동장애가 있는 청소년 기욤은 자신이 형처럼 축구를 할 수 없다는 사실에 무척 화가 났다. 하지만 축구 대신 플루트 연주를 하기로 마음먹었다. 그 결심을 나에게 전하면서 기욤은 여자아이를 잡아먹고 싶어 했던 무페타르 거리의 마녀 이야기를 들려주었다. "하지만 마녀는 여자아이를 잡아먹지 못했어요!" 여자아이는 어떻게 마녀의 손아귀에서 빠져나왔을까? 기욤이 해준 이야기에 따르면, 무페타르 거리의 시장에서 마녀가 정육점 주인으로 변장하고 있으면 여자아이는 생선가게로 갔고, 마녀가 생선 장수로 변장해 있으면 여자아이는 정육점으로 갔다.

기욤은 못된 마녀를 피해 다닌 이 여자아이가 장애의 한계를 모면해보려고 축구 대신 플루트를 선택한 자신이라고 생각했던 게 아닐까? 장애 때문에 선택의 폭이 좁았지만 기욤의 선택은 정육점에 갈 수 없으면 생선가게에 가는, 그러니까 축구를 못한다면 플루트를 불겠다는 것이다. 마녀를 피해 다닌 여자아이처럼 냉혹한 운명을 피하기 위해 방향을 바꾸는 것이다. 하지만 이 선택은 포기를 전제로 한다. 그리고 포기에는 무엇인가를 잃는 슬픔이 담겨있다.

상실의 슬픔을 겪는 아이들

부모가 그런 것처럼, 아이들에게도 상실의 슬픔과 맞닥뜨리는 순간이 찾아온다. 완전한 상태인 자신을 잃은, 자신의 자율성을 잃은 슬픔 말이다. 아이는 포기하고, 포기하고, 또 포기해야 한다. 달리는 것을 포기하고, 막힘없이 말하는 것을 포기하고, 다른 아이들과 똑같이 자연스럽게 행동하는 것을 포기하고, 몇 가지 운동을 포기하고, 자율적으로 사는 것을 포기해야 한다. 부모가 그랬듯이 아이도 상실의 슬픔은 견디기 어렵다.

사실 아이는 절대로 포기하지 않는다. 머릿속 어느 구석에 언젠가 자신이 자랐을 때 수술이나 약으로 장애가 깨끗하게 사라지리라는 비현실적인 생각을 담아놓는다. 다만 드러내놓고 이야기하기를 꺼린다. 그 바람이 현실적으로 불가능하다는 것을 알기 때문이다. 하지만 돌이킬 수 없는 무자비한 현실 앞에서 아이는 모든 것을 되돌릴 가능성을 상상하고 싶어 한다. 그래서 가끔은 입 밖으로 불쑥 튀어나오고 만다. "내가 어른이 되면 장애가 없어질 거야!"

아이는 장애 때문에 불가능한 일, 장애로 인한 실패를 받아들이지 않는다. 그래서 사람들이 이러저러한 제안을 해도 전혀 관심이 없는 척을 한다. 실패가 두렵기 때문이다. 실패를 인지하게 되면 어쩔 수 없이 의기소침해지는 순간이 찾아온다. 특히 3, 4세경에 아이는 심하게 위축된다. 이때 아이는 자신의 정체성을 구성하는 성^性의 차이와 세대 간 차이라는 이중의 차이를 동시에 경험하는 중이다. 이 시기에 장애와 관련한 차이가 확실하게 드러나면서 아이는 고통을 느낀다.

하지만 주변사람들은 아이가 의기소침한 상태라는 것을 쉽게 알아차리지 못한다. 아이는 의기소침해 있지만, 대개의 경우 감정은 드러나지 않고 숨어 있다가 감정을 숨긴 행동으로 나타나기 때문이다. 이때 아이는 거부하고 실망하는 시기와 변덕을 부리고 쉽게 흥분하는 시기를 번갈아 겪는다. 반면 부모는 죄의식에 사로잡혀 적합한 치료법으로 재활교육을 하면 아이가 조금이라도 나아지겠지 하는 희망에 맹목적으로 매달린다. 아이의 슬픔이 들어갈 자리는 전혀 없다. 아이는 끊임없는 압박에 시달린다. 어른들은 아이가 쉬고 싶어 하고, 게으름을 피우고, 아무것도 하고 싶지 않은 마음을 인정하지 못한다.

아이가 의기소침해할 때 부모는 어떤 태도를 보여야 할까? 이것은 비록 헛된 꿈일지라도 희망을 품을 권리를 존중하는 태도와 장애를 결코 극복할 수 없다고 부정하는 태도 사이에서 아슬아슬하게 균형을 잡는 일이다. 그래서 부모는 '아이를 정상으로 만들기'라는 덫에 걸릴 위험과 희망을 깨뜨리지 않아야 하는 절대적인 필요성 사이에서 왔다 갔다 할 수밖에 없다. 희망이 깨지면 변화의 원동력도 깨진다. 아이가 포기하기로 마음먹거나 거의 포기해버리는 일이 생기기 때문이다.

"나는 장애인이 아니에요!"

마리는 "나는 다운증후군인데 넌 뭐야?"라는 도전적인 질문을 던지면서 다르다고 낙인찍힌 사람들에게 정체성이란 과연 무엇일까를 생각해보게 만든다. 어떤 사람들은 장애아의 정체성을 '우수'와 '열등'이라는 용어로 차이를 표현하고 싶어 한다. 사람들이 보는 장애아는 항상 무엇인가가 '넘치'거나 '부족'하다. 의사가 진찰을 할 때는 아이에게 부족한 것을 중요하게 본다. 언론에서 장애아를 다룰 때는 반드시 '넘치는' 것에 초점을 두어 결론을 내린다. 어떤 잡지에 실린 내용을 예로 들어보겠다.

"남보다 하나 더 있는 이 염색체는 감수성 염색체일까요? 서커스를 보면서 아이가 쏟아내는 애절한 흐느낌을 들어보세요. 아이의 눈물은 다른 아이들의 웃음만큼 맑습니다. 아이에게는 분명 '넘치는 어떤 것'이 있습니다. 그것은 더 깊은 상상의 세계를 이리저리 날아다니는 특유의 능력입니다." 장애인과 비장애인이 전혀 다르지 않다는 주장이든 아니면 장애의 문제를 통해 인간의 근본적인 이타성을 일깨우려는 의도이든 관계없이 이 글의 밑바탕에 깔린 논리는 하나다.

논리의 한쪽 끝에는 장애아와 비장애아는 전혀 다르지 않다는 주장이 있다. 이 주장에 따르면 차이는 아예 없는 것이 되고, '다름'은 아무것도 아닌 것이 된다. 이 주장은 가벼운 장애가 있는 아이를 마치 장애가 없는 것처럼 대하려고 하는 경향과 관련이 있다. 그렇게 되면 아이는 매 순간 장애가 없는 척을 해야 한다. 그리고 초인적인 노력으로 '실패할' 각오를 하고 장애를 숨기려고 하거나, 다른 무엇으로든 장애로 인해 부족한 부분을 채우려고 애를 써야 한다. 이런 경우에 결국 아이의 특수한 장애를 인지하지 못하고, 장애로 인해 생기는 문제들을 외면하게 된다. 아이를 더 큰 어려움 속으로 몰아넣을 수 있다. 고통을 느낄 만큼 특수한 상황인데 인정해주지 않거나, 무작정 동정하는 분위기로 몰고 가면서 장애를 이상화해버리는 이런 경우에 장애아들은 버려진 것이나 다를 바 없다. 어쨌든 장애가 있는 아이가 있는 그대로 인정받지 못하고 있기 때문이다.

논리의 다른 쪽 끝에는 장애아를 완전히 다른 존재로 바라보는 시선이 있다. 장애아는 낯선 존재, 두려움의 대상이다. 장애가 장애 이외의 다른 개성을 완전히 덮어버린다. 사람들은 아이의 장애만 볼 뿐, 가능성은 보지 않는다. 아무도 기대하지 않기 때문에 장애아 스스로도 자신을 미래도 없고 가능성도 없는 쓸모없는 존재라고 생각하게 될 위험이 있다. 장애가 있으면 그 아이가 가지고 있는 여러 가지 다양한 면 중에서 한 가지만을 그 아이의 정체성이라고 축소시켜서 보는 경향이 심해진다. 문제는 다시 한 아이의 정체성과 그 아이가 가지고 있는 장애의 관계를 어떻게 정의하느냐로 되돌아간다.

"너는 이러이러해." 이 말은 정체성의 형성에 필요한 말이다. 하지만 이 말 때문에 누군가 정말로 '이러이러하게' 되어버린다면 인간을 소외시키는 위험한 말이 되기도 한다. 한 개인을 구성하는 다양한 요소를 장애라는 단 한 가지 요소로 뭉뚱 그리는 것은 장애를 전면에 내세우고 나머지는 몽땅 뒤에 감추는 격이 된다. 아이는 지나치게 단순한 정체성을 가져서는 안 된다.

내가 만났던 폴이라는 아이는 종종 주변사람들에게 "나는 장애인이 아니에요!"라고 소리 지르며 대들곤 했다. 물론 폴은 자신의 장애에 대해 아주 잘 알고 있었다. 하지만 장애아라는 이미지가 자신의 정체성을 장애라는 한 가지 범주로 제한했기 때문에 '나는 너희들이 말하는 그런 사람이 아니다!'라고 선언한 것이다. 폴의 당당한 선언은 자신을 해방시키는 부정이다. 한 가지 범주에만 갇혀있지 않겠다는 의지의 표명이다. 설사 내가 이것이라고 해도 동시에 저것이기도 하다는 점을 주장함으로써 자신의 중요한 욕구를 확실하게 표현하는 방식이다.

장애아들은 '장애'에 관한 말만 지겹도록 듣는다고 말하기도 한다. '장애'가 아이의 삶에 너무 자주 끼어들고, 너무 큰 자리를 차지한다. 그래서 아이는 장애에 관해 이야기하려는 사람을 강하게 거부한다. 또 상담할 때 자신의 상처와 자기 때문에 부모가 받은 상처를 떠올리는 것을 고통스러워한다. 가끔은 그런 것을 더 이상 생각조차 하기 싫어한다. 손가락질하며 수군거리는 말도 더 이상 듣고 싶지 않다. 아이는 장애인이기를 거부한다. 그리고 시선을 돌려 오로지 자신만이 가지고 있는 독창적인 것을 찾아내려고 한다.

흔들리는 정체성

 마리는 "나는 다운증후군인데 넌 뭐야?"라는 질문을 통해 사람들에게 난해한 질문을 던지고 있다. "그러면 너는 네가 무엇인지 말할 수 있어?"라고 묻고 있는 것이다. 사실 정체성은 늘 불안정하고 역설적이고 모순이 많다. 정체성은 기나긴 과정의 결과물이기 때문이다.

 정체성은 타인과 외부세계에서 온 요소들을 받아들여 내면화하는 '투입'과 자신이 가지고 있다고 용납하기 힘든 생각이나 감정, 욕구를 내가 아닌 다른 사람에게 옮기는 '투사', 이 두 가지 심리의 이중작용으로 형성된다. 즉 타인과 나를 동일시하면서 동시에 거부하는 것이다. 그리고 그것을 내면화하여 자신의 일부로 만든다. 이런 통합의 경향이 있기는 하지만, 결과적으로 사람들은 이질적인 특성을 가진 여러 가지 요소들이 어우러져서 만들어진 존재들이다. 자아가 단일하고(단일성), 변하지 않으며(항상성), 계속된다(영속성)고 믿고 싶지만 실제로 자신이 느끼는 자아는 늘 불안정하다.

 하지만 사람들은 자신의 정체성이 확실하지 않고 늘 흔들린다는 사실을 모르는 척을 한다. 확실하면서도 한편으로는 늘 너무나 허약한 정체성이라는 심리적 구조물을 다시 문제 삼고 싶지 않기 때문이다. 개인의 자아는 단일하고, 총체적이라는 환상을 뒤흔드는 모든 것을 위협이라고 받아들이기 때문에 위협을 막아낼 태세를 갖추게 된다. 그래서 사람들은 배타적 민족주의, 종교, 국가주의 같은 정체성의 여러 요소에 집착한다. 하지만 정체성을 단 한 가지 요소로 축소하려는 전체성의 시도에 굴복할 때 얼마나 치명적이고 위험한 상황이 벌어지는지를 보여주는 비극적인 사례가 전 세계적으로 너무나 많다. 장애인의 정체성이 나와는 다른 정체성이라는 생각은 배제와 인종주의, 살인을 불러온다. 사회통념과는 달리 사람들은 자신의 정체성이 안전하고 확실하다고 굳게 믿을수록 다른 사람의 정체성에 대해서는 너그럽지 못하다.

"나는 다운증후군인데 너는 뭐야?"라는 갑작스러운 질문을 던짐으로써 마리는 깨달음을 주고 있다. 아무 문제가 없다고 안심하고 있는 정체성의 허점을 찔러 사람들의 확신이 얼마나 허망한지 드러내 준다. 그래서 생각하지 않을 수 없다. 나는 과연 내가 생각하는 바로 그 사람일까? 마리가 주는 깨달음은 타인의 '다름'을 받아들이기 위해서는 내 안에 있는 '다름'을 인정해야 한다는 것이다. 이것은 장애의 문제를 훨씬 넘어서는 개념이다.

나는 시인 에드몽 자베스의 글귀를 인용하고 싶다.

"이방인은 어떤 사람이에요?

이방인은 당신이 고향에 살고 있다는 것을 확실하게 느끼게 해주는 사람입니다."

그리고 이 글을 나는 다시 이렇게 바꾸어 쓴다.

"장애인은 어떤 사람이에요?

장애인은 당신이 비장애인이라는 것을 확실하게 느끼게 해주는 사람입니다."

"왜 그래요?"

아이들 머릿속에 맴도는 의구심

"하지만 이것 봐,

너는 이 어르신들한테 못할 짓을 했어.

그렇게 거칠게 굴면 안 되지."

"멍청한 어르신들이지. 내가 물어본 말에

대답도 하지 않았단 말이야."

       레이몽 크노

오이디푸스신화에서 신탁을 받은 오이디푸스는 자신의 혈통에 대한 의문을 갖는다. 모든 아이들이 오이디푸스와 똑같은 의문을 품는다. '나는 누구일까? 아이들은 어디에서 올까?' 장애아의 경우에는 이런 의문이 자신의 장애에 대한 의문과 함께 복잡하게 얽힌다. '왜 나에게는 장애가 있을까? 어떻게 장애가 생겼을까? 계속 장애인으로 살게 될까? 어른이 되면 장애가 사라질까? 부모가 내게 무슨 짓을 한 걸까? 아니면 내가 부모에게 무슨 짓을 한 것일까?'

아이들은 묻는다. 하지만 빙빙 돌려서 묻는다. 그래서 아이들의 질문은 해독이 필요하다. 게다가 어른들은 아이들의 말을 귀담아들으려고 하지 않는다. 어른들은 모든 것이 불편하다. 아이의 질문이 자신들의 무능함(장애를 치료하거나 바로잡을 수 없다는)과 무지함(질문에 대한 답을 모른다는)을 다시 한 번 확인하게 하기 때문이다.

질문을 멈추지 않는 아이들

부모는 알고 싶어 하는 아이의 마음을 위협으로 받아들인다. 아이의 질문이 쓰라리고 혹독한 비난으로 느껴지기 때문이다. "왜 나에게는 장애가 있어요?"라고 물으면 "왜 나를 장애아로 태어나게 했어요?"로 들리는 것이다. 실제로 상담을 해보면, 부모들은 "아이가 태어나게 해달라고 하진 않았잖아요."라는 말을 되풀이한다. 아이를 세상에 태어나게 한 것, 아이가 장애를 갖게 된 것이 부모의 잘못이라고 느끼는 것이다. 아이의 질문은 부모의 마음을 짓누르고 있던 고통스러운 죄의식을 되살아나게 한다.

하지만 아이는 질문을 멈추지 않는다. 전혀 예기치 못한 순간에도 질문을 한다. 어떤 때는 우스꽝스럽게, 어떤 때는 비장하게 묻는다. 언젠가 장애와 비장애 아이들이 함께 모인 작은 모둠에 참석한 적이 있었다. 심각한 운동장애가 있는 엘자도 그 모둠의 일원이었다. 엘자는 부목이 붙은 장치의 도움이 없이는 서 있을 수 없고, 목발을 짚어야만 돌아다닐 수 있다. 장애가 확연하게 눈에 보이는 터라 엘자는 다른 아이들과 부모들로부터 많은 질문을 받는다. "다리에 붙어있는 건 뭐야? 그게 왜 필요한 거야?" 하지만 엘자는 기쁘고 즐겁게 모둠활동에 참여했다. 잘 놀고 말도 잘했다. 어느 날 엘자는 넘어져서 뺨에 찰과상을 입은 비장애아 카롤린 앞에 우뚝 섰다. 그리고는 카롤린의 찰과상 자국을 손가락으로 가리키며 나에게 물었다. "보세요. 카롤린 얼굴에 상처가 났어요. 왜 그래요?" 내 눈을 똑바로 쳐다보며 또록또록한 목소리로 명령하는 듯한 말투였다.

늘 "왜 그래요?"라는 갑작스런 질문을 받는 쪽은 엘자였다. 하지만 그날은 누가 봐도 건강해 보이는 어린 여자아이를 대상으로 엘자는 자신이 수없이 받았던 그 질문을 나에게 돌려주었다. 상황이 역전되었고, 역할이 바뀌었다. 엘자는 그동안 직접적으로 "나에게는 왜 장애가 있어요?"라고 물어볼 수 없었던 의문을 카롤린에게 투영하고 있는 것이다. 별것 아닌 카롤린의 상처가 엘자에게 자신의 장애에 대해 물어볼 수 있는 기회를 준 것이다. 장애가 있는 아이라면 누구나 언젠가는 "왜 그래요?"라고 물어볼 수 있어야 한다. 엘자에게는 이때가 이 근본적인 질문을 던질 기회였다.

그런데 이런 순간에 대부분의 어른들은 어떻게 대답해야 할지 몰라서 난처해한다. 혹여 자신이 한 말에 아이가 상처받을까 봐 두렵고, 자칫 실수할까 봐 망설이다가 애매모호하고 불분명한 대답을 하게 된다. 예를 들어 "나는 왜 맨날 넘어져요? 다른 아이들은 그렇지 않은데."라는 파비앙의 질문에 어른들은 대답한다. "다른 아이들도 넘어진단다." 물론 맞는 말이다. 하지만 동시에 틀린 말이기도 하다. 파비앙은 운동장애 때문에 다른 아이들보다 더 많이 넘어진다. 어른들은 파비앙의 장애를 치료할 능력이 없기 때문에 애써 파비앙의 질문을 별일 아닌 것처럼 넘기려 한다. 파비앙의 질문은 자신의 장애를 고치는 것과는 아무 상관이 없다. 단지 자신의 머릿속에서 맴도는 의구심을 말로 표현하려는 것이다.

 사실 부모는 아이가 태어날 때 무슨 일이 있었는지, 갓난아기였을 때 무슨 일을 겪었는지 '그때 이야기'는 하지 않는다. 대신 재활교육을 받으러 가야 한다는 '현재의 이야기'만 한다. 아이의 '존재' 자체에 대해서는 말하지 않으면서 걷기 훈련이나 연습 같은 '해야 하는 것'에 대해서는 말한다. 아이에게 훈련과 연습을 강요하지만 실패했을 때 겪게 될 좌절은 말하지 않는다. 수술은 이야기하면서 수술의 고통과 근심은 말하기를 꺼린다. 다시 말하면 장애에 대해 말할 때 현실적인 삶과 관련 있는 것만 이야기하지, 정신적인 삶에 대해서는 말하지 않는 것이다.

그러다 보니 아이의 질문에 대해서는 항상 어물쩍 넘어가려고 한다. 이는 장애가 치료될 수 없다는 사실과 관련이 있다. 어른들은 아이의 장애가 나아질 것이고 치료가 될 것이라는 환상을 가지고 있다. 운동장애가 있는 토마스가 자신이 왜 재활교육센터에 와야 하느냐고 물었을 때도 사람들은 이렇게 대답했다. "선생님과 함께 정말 열심히 노력하면 넌 걸을 수 있게 될 거야." 하지만 아무리 열심히 해도 토마스가 걸을 수 있게 될 가능성은 전혀 없었다. 그런데도 그렇게 말하면 아이는 걷지 못하는 것이 자신의 책임인 것처럼 느낄 위험이 있다. 그러므로 이런 식으로 대답하면 아이는 더욱 혼란스러워지고, 죄책감을 느끼게 된다. 이것은 어른들이 자신의 죄책감을 덜려고 하는 말이나 다름없다.

형제자매들도 불안하다

장애아의 형제자매들도 많은 의문을 안고 살아간다. 이 아이들도 장애 때문에 혼란을 겪는다. 확실하게 콕 짚어서 이러이러한 점들이 의문이라고 표현할 수는 없지만, 마음속에 항상 의구심이 있다.

다운증후군 오빠를 둔 셀린은 어른들이 그런 것처럼 오빠의 장애가 불안했다. 셀린은 오빠의 다른 모습과 이해할 수 없는 행동을 보면서 자신도 장애를 갖게 될지 모른다는 두려움을 느꼈다. 그래서 어른들에게 어떻게 사람들이 장애를 갖게 되는지 집요하게 물었다. 하지만 아무도 셀린이 안심할만한 대답을 해주지 않았다. 의문이 풀리지 않아 괴로워하던 셀린은 급기야 자기 어머니를 비난하게 되었다. "다 엄마 탓이야. 엄마가 다른 씨앗으로 오빠를 만들었으면 오빠는 장애인이 되지 않았을 거야." 어린 셀린은 장애가 전염될까 봐 두려워했고, 엄마처럼 장애가 있는 아기를 낳게 될까 봐 두려웠던 것이다.

아이들은 지적능력에 장애가 있는 형제자매를 보면서 어른들만큼 걱정스러워한다. 특히 말을 제대로 하지 못하고, 혼자서 자기 일을 처리하지 못하는 것을 걱정스러워 한다. 이 두 가지는 인간 고유의 능력과 관련되어 있기 때문이다. 아이들은 아직 정체성을 만들어나가는 단계에 있기 때문에 거울 이미지를 제공하는 형제자매가 장애아이면 거울을 들여다보며 불안해한다. 그래서 장애아의 형제자매들은 어른들보다 훨씬 더 큰 혼란을 겪게 된다.

장애아의 형제자매들은 미래에 자신에게 어떤 일이 일어날지 모른다는 막연한 두려움에 의혹을 품는다. 하지만 장애가 있는 형제자매를 돌보거나 이해하고 싶다는 바람을 가지고 미래의 직업을 선택하는 경우가 많다. 장애가 있는 오빠의 알아들을 수 없는 말을 이해하는 유일한 사람이었던 엘로이즈는 자신의 꿈에 대해 이렇게 말하곤 했다. "나는 나중에 커서 아이들이 말을 할 수 있게 돕는 선생님이 될 거야."

아이들에게는 자신에게 꼭 필요한 대화를 회피하지 않고, 장애라는 말을 입에 올리는 것을 두려워하지 않으면서, 그런 말들이 주는 불안에 대해서 솔직하게 이야기 나눌 수 있는 대화 상대가 필요하다. 만약 장애로 인해 현실에서 맞닥뜨리는 중요한 문제들을 정확하게 말로 표현하지 않는다면 모두가 갈 길을 잃게 된다. 서로 대화를 나눌 수 없고, 서로 이해해줄 수 없고, 공감할 수도 없다는 것이 가장 큰 고통이다.

대답을 회피하는 어른들

하지만 장애아의 부모는 아이는 물론이고 가족이나 주변사람들에게조차 장애에 대해 말을 꺼내기가 어렵다. 아예 말문이 막힌다. 장애를 가리키는 말일 때는 말 자체도 이상하게 들리고, 이제까지 살아오면서 경험한 말과 다르게 무척 낯설게 느껴지기 때문이다. 그래서 대체로 부모들은 차라리 말을 하지 않는 쪽을 선택한다.

상황이 이렇다 보니, 장애아는 자신에게 생긴 문제를 뭐라고 말하는지 정확한 말을 듣지 못한다. 부모들이 그랬던 것처럼, 아이도 이렇다 저렇다 설명을 들을 수 없어서 자신의 특별한 느낌을 말로 표현할 수 없게 된다. 어떤 장애아들은 어렸을 때는 활발하고 영리하다가 9~10세가 되어 2차적으로 지적능력의 저하가 나타나기도 한다. 나는 이것이 아이의 질문에 대답하기를 회피하는 어른들의 태도와 직접적으로 관련이 있다고 생각한다.

아이는 자신의 장애를 직시하고 장애에 대해서 생각하고 말하고 싶어 하는데 어른들이 그걸 힘들어하고 회피하고 말하지 않으려 한다면, 아이는 장애에 대한 생각일랑 한쪽으로 미뤄놓는 것이 당연하다고 여길 수도 있다. 하지만 영국의 정신분석학자 바이언W. R. Bion은 그의 저서 《변형》에서 "장애에 관한 생각들을 한쪽으로 치워놓으면 '생각을 가능하게 하는 도구'까지 모두 치워버린다. 목욕물을 버리면서 아기도 버리는 꼴"이라고 말했다.

장애아들은 장애 때문에 현실적인 난관에 부딪친다. 지적인 능력에는 한계가 있고, 언어는 불완전하고, 이해능력이나 수행능력도 부족하다. 그렇다고 해서 이것이 장애아들의 정서반응이 비장애아들과 다르다고 생각하는 이유가 될 수 있을까? 실제로 장애아들은 비장애아들과 똑같은 정서발달단계를 밟으며 성장한다. 장애가 있는 아이들이라도 자신의 소망과 현실에서의 자기 정체성을 구분하지 못할 만큼 어리석지 않다.

내가 만난 다운증후군 아이 나탈리는 심리치료가 시작되면 늘 똑같은 행동을 한다. 신발과 양말을 벗고 편안하게 자리를 잡은 다음, 오랫동안 그 자세로 휴식을 즐긴다. 느릿느릿 차분하게 마음껏 발가락을 꼼지락거리면서 자기 발가락을 내려다본다. 그 모습을 보고 있노라면 새장에서 도망쳐 나온 새가 자유롭게 날아다니는 광경이 떠오른다. 당시 나탈리는 발음이 분명하지 않은 몇 마디 말을 하는 것이 전부일 정도로 언어능력이 빈약했다. 그림도 처음에는 한 가지 색으로만 그렸다

나는 가족들이 나탈리에게 장애에 관해 어떤 말을 하고, 나탈리와 어떻게 이야기를 나누는지 알아보았다. 부모는 나탈리에게 다운증후군에 대해 말한 적이 없다고 했다. 딸에게 장애가 있다는 말을 처음 들었을 때 받은 상처가 여전히 아물지 않은 상태였다. 다운증후군이라는 말에 심한 충격을 받았고, 그들에게는 그 말이 고통인 것이다. 그래서 나탈리에게도 같은 고통을 주게 될까 봐 그 말을 꺼내기가 두려웠던 것이다.

게다가 부모는 나탈리가 다른 아이들과 자신이 다르다는 것을 전혀 모른다고 생각한다. 하지만 나는 나탈리가 자신과 친구들 사이의 차이를 아주 잘 알고 있다고 생각한다. 나탈리는 센터에서는 다운증후군 아이들을 만나고, 유치원에서는 동네 아이들을 만난다. 나탈리는 분명한 상징능력과 아주 높은 수준의 주의력을 가지고 있다. 하지만 그 차이를 어떻게 말로 표현할 수 있을까? 나탈리가 표현할 수 있는 도구는 장애가 있는

언어가 전부이다. 나탈리가 발가락을 가지고 노는 것은 가족의 침묵이라는 굴레에서 벗어나 한 마리 새처럼 날아오르고 싶은 소망을 보여주는 것이다.

 나는 나탈리의 부모와 그 점에 대해 충분히 이야기를 나누었다. 그리고 정확하게 다운증후군이라는 말을 언급하면서 나탈리와 이야기를 나누었다. 몇 주 뒤, 놀랍게도 나탈리는 전에는 하지 못했던 몇 가지 말을 발음했다. 그 뒤에는 두 가지 색으로 그림을 그리기 시작했다. 어른들이 나탈리의 장애에 대해 명확하게 말한 다음부터 나탈리는 다른 사람들과 자신을 구별하는 단어들을 말할 수 있게 된 것이다. 나탈리는 앞으로 수많은 말과 색깔을 알아보고, 구별하고, 조합할 수 있게 될 것이다. 의사소통을 가능하게 해주는 의미의 세계가 열리고 그곳에서 말과 그림과 생각들이 펼쳐질 것이다.

근원의 수수께끼

집의식, 인과관계, 망상

장애아의 출생은 비극적으로 평범하다.
삶의 부조리함을 두고 하는 말이다.

오에 겐자부로

장애의 원인을 두고 사람들은 두 가지 차원에서 의문을 제기한다. 하나는 장애가 어디에서 시작되었는지, 그 근원적인 사건이 무엇인지 알고 싶어 한다. 또 하나는 장애가 왜 생겼는지 이유를 묻는다. '나는 왜 장애가 있을까?' '나는 왜 장애아로 태어났을까?' 어쩔 수 없이 하게 되는 질문이지만 '왜?'에 대한 답이 없어 고통스럽다. 의문은 자연스럽게 근원의 개념에서 인과관계의 개념으로 옮겨간다.

 장애아 부모는 탐색하기 시작한다. 한편으로는 원인을 찾으려 하지만 다른 한편으로는 거기에서 도망치고 싶어 한다. 그 사이를 오가면서 갈등하는 부모의 상황은 기이하고 역설적이다. 양립할 수 없는 두 개의 감정이 공존하기 때문에 장애아 부모는 복잡하고, 모순되고, 자주 주변사람들을 당황스럽게 하는 태도를 보인다.

인과관계 추적하기

장애아가 태어나면 부모와 그 주변사람들은 왜 이런 불합리한 일이 일어났는가에 대해 강한 의구심을 갖는다. 장애는 단순히 어떤 상황이 아니라 해석해야 할 징후로 다가온다. 합리적인 사고로는 절대로 충분히 이해가 되지 않기 때문에 필요하다면 미신에 매달려서라도 이 예외적인 사건을 이해하고 싶어 한다.

불합리함을 견디기는 어렵다. 심각한 결과를 가져온 이 사건이 순전히 우연하게 일어나서 내 가족에게 타격을 입히고 있다고 받아들일 수 있을까? 원인을 정확하게 알면 이해할 수 없는 사건에 의미를 부여할 수 있다. 순리에서 벗어난 것에 합리성을 회복시키고, 불합리함을 쫓아내고, 반듯한 논리를 세울 수 있다. 무엇보다 '왜 나에게만 이런 일이 일어났는가?' 하는 고통과 고독에서 벗어나 보편적인 존재로 돌아올 수 있다. 결국 인과관계를 알고 싶어 한다는 것은 어떤 의미에서 보면 규범 안으로 다시 들어가려는 필사적인 시도이다.

의료진이 상담 중에 "부모님은 아무 잘못도 없어요."라고 말하면 부모들은 몹시 불안해한다. 부모들은 누구나 이해하고 받아들일 수 있을만한 정확하고 객관적이고 본질적인 원인을 찾는다. 잘못된 상상을 하고 환상을 갖게 되는 건 불확실할 때이다. 불확실한 상태를 견디는 것보다야 무엇이 됐든 원인이 있는 쪽이 더 나은 것이다. 아무런 진단을 받을 수 없다면 장애의 책임은 온전히 부모의 몫으로 돌아오기 때문이다.

아무리 심각한 진단을 받는다고 해도, 진단이 나오지 않을 때 느끼는 불안과 고통보다는 차라리 나아 보이는 경우가 있다. 무엇보다 사람들이 알고 인정하는 장애는 확실한 원인이 없는 장애보다 세상 사람들에게 더 잘 받아들여진다. 물론 세세한 진단결과가 나오고 아이에게 장애가 있다는 말을 듣는 순간, 가족들은 심한 충격을 받는다. 하지만 진단결과를 받아든 가족들은 그들이 무엇에 대처해야 하는지 알 수 있다. 진단이 애매모호하거나 아예 나오지 않은 경우가 오히려 받아들이기 어렵다. 확실하지 않으면 상반된 두 감정이 동시에 자라난다. 상반된 두 감정은 현실을 받아들이는 데 걸림돌이 된다.

죄책감과 죄의식

하지만 장애의 원인이 밝혀지고 세상 사람들이 받아들였다고 해서 장애아를 낳았다는 죄책감이 완전히 없어지지는 않는다. 부모는 다시 아이의 장애가 어디에서 시작되었는지 상상하기 시작한다. 어떤 어머니는 임신 중에 약을 먹었다고 죄책감을 느끼고, 어떤 어머니는 자신이 방사능에 노출되었다고 생각한다. 또 어떤 어머니는 예전에 인공유산을 했다고 자책한다. 원인이 심리적인 것처럼 보일 때는 기질적인 원인을, 기질적인 것으로 보일 때는 심리적인 원인을 찾는다. 전혀 합리적이지 않은 생각이다. 하지만 이런 식으로 자꾸 다른 원인을 찾는 것은 다른 사람들이 자신을 비난하고 있다고 느끼기 때문이다. 비난에서 벗어나려는 처절한 몸부림인 것이다. 부모는 어떤 진단이 내려지든 죄책감을 느낀다. 그러면서도 죄책감에서 벗어나려고 애를 쓰게 된다.

그렇기 때문에 부모들은 인과관계를 찾으려고 하는 동시에 모든 인과관계에서 벗어나려고 애를 쓰는 상반된 태도를 보인다. 모든 인과관계가 비난으로 느껴지기 때문이다. 부모들을 잡고 놓아주지 않는 고통스러운 의문이 있다. "우리가 어쩌다가 이 지경이 된 거지?" 아이의 탄생은 유난히 불안하기만 하고, 잘못된 생각을 하게 만든다. 잘못된 생각은 객관적인 의학적 지식하고는 거리가 멀다. 유전적 특성으로 인해 장애가 생긴 아이의 부모는 이런 말을 들었다. "책임감은 가지되, 죄책감은 느끼지 마세요." 하지만 부모들은 이 말을 거꾸로 들을 수 있다. "책임감은 가질 것 없고, 어쨌든 죄책감은 느끼세요."라고. 도무지 이해하지 못할 것이 죄책감이다. 법적으로 보자면 죄책감과 책임감은 명백하게 다른 개념이다. 하지만 부모의 내면에서는 그렇지 않다. 아이에 관한 일일수록 가차 없는 엄격함을 보인다. 사회적인 법체계보다 훨씬 더 엄격하다.

한 어머니가 장애의 원인에 관해 이렇게 말했다. "아무리 찾아도 답이 없어요. 미스터리예요." 겉으로 드러내어 표현하지는 않았지만 이 어머니의 말 속에는 묵시적이고 격렬한 질문이 담겨있다. '왜? 왜 나야? 내가 어쩌다가 이 지경이 된 거야?' 그 어머니는 또 이런 말을 했다. "교통사고가 나서 휠체어에 앉게 된 거라면 차라리 이해할 수 있겠어요. 그런데 이건 '유전자 사고'예요. 도대체 받아들일 수가 없어요." 부모인 내가 아이에게 장애를 전해주었다는 생각에서 완전히 벗어나려면 터무니없고 우발적인 사건이 필요하다. 교통사고 같은 사고라야 부모에게 아무런 책임이 없는 것이다. 가장 위험한 생각은 아이에게 자신의 병이 유전되었다는 생각이다. 부모가 정말로 없었으면 하고 바라는 아이는 장애를 가지고 태어난 아이가 아니라, 내 피를 받아 장애아로 태어난 아이, 나와 피를 나눈 아이이다.

아이들 역시 원인을 찾으려고 애쓰는 모습을 보인다. "내가 태어날 때 내가 뭘 하고 있었던 걸까요?" 아이들은 장애가 왜 생겼는지 알아내기 위해 온갖 이유를 끌어다 붙인다. 아이들에게도 불합리함은 견디기 힘든 일이다. 그러니 무슨 수를 써서라도 이유를 알아내야만 한다. 아이들은 무슨 일이 생기면 그 책임이 모두 자기에게 있다고 생각하는 경향이 있다. 그러니 자연스럽게 장애가 있는 건 자기 탓이라고 생각하게 된다. 바로 그 순간에 "나한테 무슨 문제가 있는 거지?"라는 질문은 "내가 무슨 짓을 했지?"로 변한다.

장애가 심한 아이들도 부모가 자기 때문에 우울해한다는 것을 확실하게 알고 있다. 어떻게 보면 장애아는 두 번 상처 입는다. 몸에 상처를 입고, 장애로 인해 마음에 상처를 입는다. 장애 때문에 고통스럽고, 장애 때문에 무시당한다. 여기에 더해 눈에 보이지 않는 또 다른 상처가 아이를 무겁게 짓누른다. 부모의 자기애를 자신이 망쳤다는 데서 오는 상처이다. 장애아는 자신의 장애 때문에도 고통스럽지만 자기로 인해 부모가 힘들어한다는 사실 때문에 고통스럽다. 자신이 부모가 슬퍼하는 원인이라는 사실은 무거운 죄의식의 뿌리가 된다.

어떤 아이들은 죄의식에 꽁꽁 묶여있다가 죄의식에서 도망치기를 반복하면서 악순환에 휘말린다. 이 아이들은 내면의 죄의식을 외부로 내동댕이치면서 죄의식의 굴레에서 벗어나려고 애를 쓴다. 이때 아이는 비난을 당하는 처지에서 비난하는 쪽이 된다. "엄마, 아빠 탓이야. 왜 날 이렇게 만들어놨어?" 물론 아이들이 이런 말을 드러내놓고 하는 일은 아주 드물다. 하지만 아이들이 마음속에 품고 있는 비난은 어디 대가를 톡톡히 치러보라는 듯이 부모를 못살게 구는 행동으로 종종 나타난다.

"장애에 걸렸다?"

아이들은 친구나 형제자매의 장애에 대해, 또는 자신의 장애에 대해 질문을 할 때 이렇게 묻는다. "장애에 걸린 거야?" 어른들은 이런 말을 들으면 웃는다. 하지만 그렇게 이상하다고 생각할만한 말은 아니다. 어른들은 이성과 의학지식에 따라 생각하기 때문에 이런 말을 입 밖에 내지 않지만, 사실 어른들의 태도에서도 '장애에 걸린다'는 이상한 생각이 은연중에 드러나는 경우가 있다. 감염은 병의 인과관계를 찾는 낡아빠진 형태이다.

몇 년 전부터 에이즈AIDS, 후천성면역결핍증에 대한 공포와 함께 감염의 공포가 놀라운 속도로 되살아나고 있다. 그 영향으로 객관적인 지식과는 명백하게 다른 모순적인 태도와 비합리적인 믿음도 놀라울 정도로 커졌다. 에이즈가 혈액이나 정액을 통해서만 감염된다는 것을 잘 알면서도, 사람들은 에이즈바이러스 보균자와 같은 장소에 있거나 식기를 같이 쓰기를 두려워한다. 감염에 대해 의학지식과는 정반대되는 잘못된 생각을 갖고 있는 사람들이 여전히 많다는 것을 보여준 사례이다. 꼭 필요한 위생수칙을 철저히 지키면 에이즈에 감염될 위험이 전혀 없다는 것을 사람들은 잘 알고 있다. 게다가 위생에 더 많은 신경을 쓰기 때문에 오히려 모든 아이들에게 더 이로울 수 있다.

장애와 관련해서도 감염의 공포는 존재한다. 하지만 이것은 전혀 타당하지 않다. 다운증후군, 운동장애, 유전병 등이 '옮을' 가능성은 현실적으로 전혀 없다. 하지만 장애와 감염을 연결 지어 생각하는 사고방식이 은연중에 널리 퍼져있다. 장애인을 멀리하는 것은 감염이 될까 봐 두렵기 때문이 아닐까? 그렇지 않다고 공공연하게 여러 사람들 앞에서 주장하지만, 사람들의 태도에서 그들처럼 될지도 모른다는 맹목적인 두려움이 드러난다.

어떤 사람들은 장애인과 살짝 스치거나 눈길만 마주쳐도 감염될 것처럼 군다. 한 아이의 고백이 이러한 사실을 단적으로 드러내 보여준다. "장애가 심한 친구들을 볼 때마다 내가 친구들처럼 될까 봐 무서워요." 이 말은 장애가 있는 사람을 보면 두려움을 느끼고, 시선을 피하는 일반적인 경향을 보여준다. 여기에는 단지 조심한다거나 눈을 마주 보는 것이 두렵다는 차원을 넘어서 눈만 마주쳐도 전염이 될 수 있다는 근원적이고 오랜 두려움이 있다. 장애를 가진 사람을 쳐다보지 않거나 장애나 병에 대해 거론하지 않으려는 태도는 이런 망상에서 비롯된 것이다.

장애아가 비장애아들과 같은 유치원이나 어린이집에 다니게 되면 비장애아 부모들은 자신의 아이가 장애아를 따라 하지 않을까 걱정한다. 행동을 따라 하는 것과 장애아처럼 되는 것이 같은 일일까? 이런 두려움 뒤에는 장애가 전염이 될지도 모른다는 은밀한 두려움이 자리 잡고 있다. 실제로는 아이들이 신체장애가 있는 친구나 지적장애가 있는 친구들의 행동을 따라 해보는 것이 오히려 좋은 교육의 기회가 된다. 아이들은 단지 자신들이 본 것을 제대로 이해하기 위해 시험해보는 것이다. 이런 의미에서 '따라 하기'는 아이가 자신과 다른 존재를 대하면서 그 사람의 입장이 되어보고, 그 사람처럼 되어보는 실습을 하는 정신적인 과정이다.

 아이의 장애에서 이유를 찾고 아이의 장애에 일정한 형식을 부여하려는 믿음들은 거부, 배척, 살해의 가능성을 품고 있다. 장애아는 다른 사람의 시선에 상처받는다. 사람들에게 장애는 자신이 꿈꾸는 완벽한 자기 이미지에 손상을 주는 것이고, 견딜 수 없는 일이다. 그래서 장애아는 부도덕하고 건드릴 수 없는 괴물 취급을 받는다.

혐오와 유혹

장애와 성

괴물들은 번식을 하지 않는다.

미셸 투르니에

장애에 관한 담론에는 성적 특성이 없다. 공공장소에 있는 화장실만 보더라도 여자 화장실, 남자 화장실, 장애인 화장실로 구분되어 있다. 장애인이 제3의 성인가? 아니면 장애인에게는 성 구분이 없나?

프랑스 국립보건의학연구소의 알랭 지아미Alain Giami박사는 교사와 부모들을 대상으로 진행한 설문조사 결과를 바탕으로 지체장애아의 성 표현을 연구했다. 박사의 연구에 따르면 이렇다. "장애아들은 부모에게는 천사로 보이고, 교사들에게는 야수로 보인다. 사람들은 장애아들을 완전히 다르고 낯선 존재라고 생각한다. 그래서 장애아들은 누구와도 동일시될 수 없다. 사람들은 장애아들이 미성숙하고 순진해서 성 본능이 전혀 없거나 반대로 지나치게 충동적인 성 본능을 가졌다고 생각한다."

불편한 이야기

사람들은 장애아의 성을 이야기할 때면, 성적 욕망이 있다는 것 자체를 부정하거나 과소평가하려는 경향이 있다. 사람들이 틈만 나면 장애아의 부드러운 감수성을 열심히 들먹이는 이유는 아이의 성적 자각을 모르는 체하기 위해서이다.

그런데 모든 여자아이들이 그런 것처럼, 장애가 있는 여자아이들도 이런 질문을 한다. "여자라는 건 뭘까요? 왜 성기가 숨어있어서 보이지 않는 걸까요? 어떻게 하면 남자아이들 마음에 들 수 있지요? 아기는 배에서 나오나요? 아기를 낳으려면 어떻게 해야 하나요? 아기를 낳을 때 많이 아플까요?"

비장애아가 이런 질문을 했을 때와 다운증후군 아이가 같은 질문을 했을 때 돌아오는 반응은 아주 다르다. 무엇이 다른 것일까? 아이 때문일까? 감정적 저항을 느끼는 쪽은 오히려 아이의 말을 듣는 상대방이다. 장애아는 나중에 커서 자신의 아이도, 남편도 가질 수 없다고 생각하기 때문이다. 그런데 누구의 마음에 든다고? 사랑을 한다고? 누군가를 매혹시킨다고?

장애가 있는 남자아이들도 마찬가지이다. 모든 남자아이들처럼, 남자란 어떤 존재인지에 대해 궁금해하고, 아빠처럼 크고 힘센 사람이 되고 싶다고 말한다. 트럭을 굴리고, 총소리를 흉내 내고, 자신이 로켓 발사대의 대장, 군인, 농구 경기의 우승자가 되는 모습을 상상한다. 그리고 사춘기가 되면 성적 자각이 겉으로 드러난다. 그때 또다시 몸에 장애가 있고, 지적능력이 부족하다는 현실 때문에 아이에게 돌아오는 반응은 비장애아에게 보이는 반응과 사뭇 달라진다. 강해진다? 군인이 된다? 나라를 정복한다? 여자를 유혹한다? 신체장애가 있거나 다운증후군인 남자아이가 이런 소망을 말하면 사람들은 불편해한다.

왜 불편한 걸까? '다른 아이들과 같지 않은' 이 아이들이 '다른 아이들처럼' 자신의 성을 드러내는 행동을 했을 때 무엇이 그렇게 견딜 수 없는 것일까?

아이의 성 정체성

프로이트는 생애 최초의 시기부터 성(性)이 존재한다는 것을 밝히고 확실하게 입증했다. 내 경험에 비추어보면, 장애아들은 태어난 첫해부터 성(性)과 장애를 연결 짓기 시작한다. 프로이트가 〈유아성이론〉에서 썼던 것처럼 아이들은 모두 아기가 어떻게 생기고 태어나는지를 이해하기 위해서 자기 나름의 논리를 만들어낸다. 장애아들도 자신의 장애를 설명하기 위해 그와 비슷한 논리를 만들어낸다.

아이가 장애를 자신의 일부로 인정하고 받아들이게 되는 심리적 과정은 아이가 같은 성性의 부모와 자신을 동일시하면서 성 정체성을 형성하는 과정과 같다. 다운증후군인 다섯 살 미레유가 자신의 남동생을 두고 하는 말을 들어보면 이 사실을 알 수 있다. "앙트완은 고추가 있고, 나는 다운증후군이야." 이 말은 아이가 어떤 방식으로 자신의 장애를 성性 차이와 똑같이 인식하게 되는지를 보여준다.

아이들은 객관적인 성 지식과 상관없이 아기가 세상에 어떻게 나오는지에 대해 마음대로 상상하고 이야기를 만들어낸다. 마찬가지로 장애아들도 자신의 장애를 이해하고 받아들이기 위해 의학적이고 합리적인 정보와는 전혀 다른 자기만의 논리를 만들어낸다. 이 논리에는 무의식의 환상이 반영되어 있다. 그 환상은 정서적 심리발달단계에 따라 다양한 양상으로 나타난다.

주변 어른들은 아이가 장애에 관해 물으면 못 들은 체하거나 아예 질문을 못 하게 막는다. 성에 관한 질문도 마찬가지이다. 요즘은 많이 달라졌다고 해도 성은 여전히 아이들에게 금지된 것, 부끄러운 것으로 남아있다. 하지만 아이들의 지적 호기심은 대부분 성적 호기심에서 출발한다. 성적 호기심을 막는다면 지적인 삶에 전혀 접근할 수 없게 된다. 차이를 생각할 수 없다는 것은 아무것도 생각할 수 없는 상태를 만들기 때문이다.

게다가 장애로 인한 차이를 이해하고 상상하려고 시도하는 과정에서 장애는 특별한 것이 된다. 그로 인해 모든 과정이 복잡해진다. 아이는 수많은 난관에 부딪친다. 사람들이 성性 차이의 본보기를 만들 때 아이는 자신과 동성인 부모와는 닮게, 이성인 부모와는 다르게 자신을 형성해나간다. 하지만 장애와 관련된 차이에 대해서는 어떻게 해야 할까? 장애아는 여러 가지 면에서 자신이 양쪽 부모 중 누구와도 닮지 않았다는 난관에 부딪친다.

혼혈아들도 마찬가지다. 흑인과 백인 부모 사이에서 태어난 밀크커피색 피부의 아이는 부모 중 어느 쪽도 닮지 않았다. 장애아들과 마찬가지로, 혼혈아도 성 차이에 대한 의문과 피부색의 차이에 대한 의문이 뒤얽혀 불확실한 정체성에 대해 불안해하는 시기를 겪는다. 아이는 자신이 부모와 다르다는 점 때문에, 혹은 자신의 피부색이 다르기 때문에 자기 존재가 생겨난 최초의 근원을 의심하게 된다. 나는 어떤 부모에게서 태어났을까? 누구를 닮았는가? 또 나는 어떤 아이를 낳게 될까?

장애를 가진 한 남자아이는 이런 말을 했다. "아빠가 작고 좋은 씨앗을 만들지 않았어요." 이 말에는 탄생의 근원이었던 생식과정에서 모든 이상이나 변형이 비롯되었다는 생각이 담겨 있다.

영원한 아이

장애아의 성은 부모에게 가장 조심스럽고 어려운 문제이다. 장애와 관련한 어떤 문제든 논의할 수 있는 시대가 되었다고 하지만, 성에 관한 문제는 마지막 금기로 남아있다. 태어난 아이에게 장애진단이 내려진 다음 순간에 부모들의 머릿속을 스치는 것은 성과 관련된 생각이라고 부모들은 말한다. 미래에 자기 아이가 성적으로 어떤 모습일지 정확하게 그려보고, 여성이나 남성으로서 어떤 삶을 살아갈지 분명하게 상상하고 있다. 부모는 다른 아이가 없는 한, 자신들이 절대로 할아버지, 할머니가 될 수 없으리라고 생각한다. 하지만 이런 생각도 잠시뿐, 장애가 발견된 순간부터 성에 대해 말하기가 어렵다는 문제가 계속해서 드러난다. 성에 대해 마음대로 표현할 수 없다는 것은 부차적이다. 실제로 문제가 되는 것은, 어떤 것이 되었든 성적 표상이 떠오르는 순간 얼른 거두어들여야 할 만큼 장애가 수치스러운 환상을 불러일으킨다는 데 있다.

그래도 유아기에는 미래에 대한 고통스러운 전망에서 피해 있을 수 있다. 아이가 어릴 때는 그런 대로 괜찮다고 모든 부모들이 말한다. 되도록 더 오래도록 아이를 어린아이인 상태로 두고 싶은 마음이 간절하다. 그래서 어떤 부모들은 사춘기가 시작되는 징후를 인정하지 않으려고 하거나, 심하게 부정하는 반응을 보인다. 장애가 있는 여자아이가 생리를 시작하면 많은 어머니들이 심리적으로 심각한 위기를 맞는다. 그 순간에 모든 문제들을 다시 생각해보게 된다. 의사도, 부모도 놀라울 정도로 무분별한 행동을 한다. 의심할 여지없이 사춘기의 징후를 드러내고 있는 장애청소년을 고집스레 어린아이로 보려고 한다.

예를 들어 척추가 완전히 만들어지지 못하고 갈라져서 생기는 이분척추질환은 성생활에 중대한 영향을 미치는 장애다. 그래서 사춘기가 되면 아이에게 성생활과 관련한 정보를 확실하게 알려주어야 한다. 자기 몸이 훼손되거나, 그로 인해 생길지 모르는 수많은 문제들에 대해 부모와 교사, 의사들과 함께 논의할 수 있어야 하기 때문이다. 그런데 현실에서는 아이와 의논을 해야 할 어른들이 이런 대화를 피한다. 이유를 물어보면 이런 말로 얼버무린다. "하지만 아이가 아무것도 묻지 않는 걸요." 아이가 말로 확실하게 물어보지 않더라도 문제가 명백한 만큼 과감하게 부딪쳐보라고 권하면 이렇게 대답한다. "아직은 때가 되지 않았어요." 사춘기가 되어 성 정체성이 드러나기 시작하고 그것에 대해 말하고 싶어 하는 남자아이와 여자아이를 두고, 어른들은 두려움에 사로잡혀 영원히 아이로만 보기를 고집한다.

장애는 주변사람들에게 의존하게 만든다. 때로는 의존관계가 끝까지 지속되기도 한다. 하지만 이것은 아이의 정신발달에 심각한 결과를 초래하는 원인이 되기도 한다. 아이가 독립적으로 성장하는 것을 방해하기 때문이다. 부모는 아이와의 의존관계를 지속시키고, 아이가 자율성을 키우지 못하도록 과보호한다. 아이가 커가는 데도 끈끈한 관계를 포기하기가 불가능해진다. 아이가 혼자서 하겠다고 하면, 부모는 생각해낼 수 있는 수많은 어려움을 대면서 아이의 뜻에 반대한다. 장애는 아주 쉽게 그런 일을 정당화한다. 예를 들어 아이가 혼자서도 잘 생활할 수 있게 하려면 벗기 쉬운 옷들, 난간, 혼자 움직일 수 있게 돕는 기구와 같은 것들을 집 안에 들이거나 설치해야 한다. 하지만 가족들에게 그 일을 하게 만들기가 얼마나 어려운지를 알고 나면 깜짝 놀라게 된다.

부모는 양가감정에 사로잡혀 있다. 부모는 분명 아이의 독립에 도움을 줄 수 있는 것들을 해보려고 하지만, 실제로는 시간이 갈수록 그렇게 되지 않는다. 휠체어를 타거나 도구를 이용하면서 아이의 장애가 확실하게 드러나 보이는 게 싫고, 그 상황을 피하고 싶은 마음이 감정적 저항을 불러일으킨다. 더 깊이 들어가면, 그런 심리에는 아이의 자율성, 아이가 어른이 되는 것을 받아들이고 싶지 않은 부모의 반감이 자리 잡고 있다. 아이의 자율성은 곧 아이가 어른의 성적 세계에 접근하는 것을 의미하기 때문이다. 부모가 두려워하는 것은 자율성 자체가 아니라, 자율성이 성적 의미를 부여받은 어른 신분을 향해 가는 길이라는 점이다.

금지된 출산

지난 몇 년 동안 사회적 인식이 많이 바뀌어 장애인의 성 정체성이 받아들여지고 있다고는 해도, 여전히 장애와 성을 연관 짓기를 끔찍하게 생각하는 경향이 있다. 장애와 성을 연관 지으면 부모는 견딜 수 없는 이미지와 대면하게 되고, 전문가들은 대단히 미묘한 윤리적 문제와 맞닥뜨리게 된다.

예를 들어 다운증후군 청소년이나 어른이 아이를 갖고 싶어 한다면 어떤 태도를 취해야 할까? 피임을 강요하는 것은 장애를 가진 당사자에게 심각한 상처를 주게 되고, 부모나 의사에게는 복잡한 심리적 파장을 일으킨다. 다운증후군 여성에게 유전될 위험이 있으니 아이를 가지면 안 된다고 말하는 것은 어떤 의미일까? 한편으로는 그 여성도 태어나지 말았어야 하는 존재이기 때문에 아이를 갖지 말아야 한다는 말이고, 다른 한편으로는 그 여성은 부모가 될 수 없는 존재라는 말이다.

"내 장애는 어디에서 비롯된 것인가요? 어디서부터 잘못된 것일까요?" 장애아는 자신이 어떻게 태어났는지에 대해 집요하게 묻는다. 이 질문을 피할 방법은 없다. 부모의 마음 깊은 곳에서는 상대 배우자에게 책임을 미루고 싶은 마음과 죽음과 같은 침묵으로 상대 배우자를 보호해주고 싶은 마음이 뒤엉킨다. 충격의 파장은 세대를 뛰어넘는다. 아이의 할머니, 할아버지는 적극적으로 장애의 원인이 무엇인가 하는 의문에 집착한다. 하지만 부모는 아이의 장애를 자신의 부모에게 알리는 일에 심한 저항감을 느끼는 경우가 많다. "나는 이 사실을 내 어머니에게 말할 수 없어요. 아이에게 장애가 있다는 걸 어머니가 알면 어머니 심정이 어떻겠어요?" 아이가 유전이라는 말을 저절로 떠올릴 수밖에 없는 장애를 가지고 태어났다고 자기 부모에게 알리는 것은 자백인 동시에 비난이다.

"나는 괴물의 아버지야." 이 말은 오에 겐자부로의 자전적 소설 《개인적 체험》에서 주인공이 장애를 가진 아들이 태어난 것을 알고 처음으로 내뱉은 말이다. 주인공은 불편함, 수치심, 좌절감을 느낀다. 여기에 자기애까지 더해져서 술과 여자에 빠져 산다. 그리고 '괴물 같은' 아이를 만든 성행위에 무의식의 환상을 끌어들인다. 어디서부터 잘못된 것일까? 어떻게 잘못된 것일까? "나는 이 괴물 같은 아기가 생겨난 어둡고 후미진 곳이 두렵다. 붕대로 머리를 가린 아기를 보았을 때, 나는 전쟁터에 나간 아폴리네르를 떠올렸다. 전쟁, 그는 전쟁을 혼자 겪는다. 내가 한 번도 본 적이 없는 어두운 곳에서 혼자 겪는다. 그리고 나는 나의 성기를 이 전쟁터에 내보내는 것이 두렵다." 아내와 함께한 성행위가 잘못 만들어진 아기를 주었다면, 그때부터 그가 아내에게 느낄 수 있는 욕망은 어떤 것일까? 그의 성 본능은 어떤 이미지로 남았을까?

거부와 과시 : 프리아포스

신화는 장애와 관련한 다양한 상징적 의미를 풍부하게 보여준다. 그리고 장애인의 성에 대해 느끼는 두려움 뒤에 무엇이 감춰져 있는지 확실하게 알게 해준다. 그리스신화에 나오는 프리아포스Priapus는 늘 존재하지만 대개는 숨겨져 있는 장애와 성생활 사이의 관계를 떠올리게 한다. 프리아포스는 그다지 지위가 높지 않은 신으로, 신체적 기형을 가지고 있다. 그의 특징은 남근이 몸에 비해 엄청나게 크고 천박하고 추하다는 것이다.

조롱거리로 전락한 프리아포스의 이야기는 사람들에게 두려움과 웃음을 준다. 그리고 장애가 있는 몸으로 세상에 태어난 아이의 처지를 놀라울 정도로 정확하게 설명해준다. 프리아포스는 풍요와 포도주의 신 디오니소스와 미와 사랑의 여신 아프로디테 사이에서 태어났다. 프리아포스의 어머니인 아프로디테는 아기의 추한 모습을 견딜 수가 없었다. 아프로디테는 아이에게서 고개를 돌렸고, 아기를 내던져버렸다. 어머니에게 외면당한 아이는 일생을 비웃음과 조롱받을 일만 하고 살면서 어머니가 자신을 부끄러워하고 내버린 결과가 어떤 것인지 보여주었다. 프리아포스는 장애를 가진 아이의 운명을 상징한다. 결국 타고난 기형 그 자체가 존재가 되어버린 프리아포스는 자신을 매혹과 두려움의 대상으로 만드는 낙인, 자신의 명예를 더럽히는 낙인을 과시하는 것 말고는 달리 할 수 있는 것이 아무것도 없다.

장애아들에게서도 그런 식의 과시하는 행동을 볼 수 있다. 프리아포스처럼 자신의 장애를 드러내 보인다. 지체장애아들은 특별한 상황에서 평소보다 침을 더 많이 흘린다. 보통 때보다 더 어눌하게 말하고, 일부러 바보 같은 행동을 해서 자신의 장애와 관련된 신체적 특징이 도드라져 보이게 한다. 프리아포스가 자기 어머니의 시선을 돌리게 만든 '지나치게 큰 부분'을 과시하며 살 수밖에 없는 운명이었던 것처럼, 장애가 자신의 정체성이 되어버린 아이는 마치 그렇게 하지 않으면 안 되는 것처럼 자신의 장애를 도드라지게 한다.

하지만 장애를 도드라지게 드러내는 순간, 수치심을 불러일으키고 관심을 끄는 장애를 과시한다고 비난받는다. 다운증후군인 여섯 살 이자벨은 붉은색과 푸른색 펠트펜으로 눈 화장을 한다. 다운증후군의 특징적 외모인 눈 모양을 가리려고 한 것일까, 아니면 더 눈에 띄게 하려고 한 것일까? 타인의 눈을 통해 '다르다'고 낙인찍힌 장애아들은 모순된 태도를 보여준다. 한편으로는 자신의 '다른' 점을 가리려고 하고, 다른 한편으로는 자신의 '다른' 점을 강조해서 보여주려고 한다.

하반신장애가 있는 조르주는 성적으로 과시하는 행동을 해서 주변 사람들을 걱정하게 만든다. 그런데 신기하게도 장애가 있는 자신의 다리에 관해서는 아주 조심스럽다. 조르주는 신발을 벗으려고 하지 않는다. 꼭 필요한 다리 치료도 거부한다. 성기는 보여주지만, 장애가 있는 다리는 보여주지 않는다. 조르주는 자신의 장애를 감쪽같이 숨기기 위해 사람들이 자신의 성기를 쳐다보게 하는 것일까? 마치 마술사들이 무슨 일이 일어나는 곳에서 아무 일도 일어나지 않는 곳으로 사람들의 시선을 옮기는 기술을 부리는 것처럼 말이다.

화가 툴루즈 로트레크

태어나면서부터 혹은 태어난 뒤로 몇 년 사이에 신체나 지적능력에 장애가 있다고 낙인찍힌 사람은 다른 사람들과 '다르다'는 사실에 둘러싸여서, 다른 사람들과 '다르다'는 사실과 함께 자신의 정체성을 만들어간다. 프랑스의 화가 앙리 드 툴루즈 로트레크Henri de Toulouse-Lautrec의 이야기는 장애를 가진 사람이 정신세계를 구축해가는 과정을 놀랍도록 잘 설명한다.

툴루즈 로트레크는 유서 깊은 귀족 가문에서 태어났지만 사고로 장애인이 되었다. 두 다리는 성장을 멈추어버렸지만, 몸은 정상적으로 발육해서 보기 흉한 모습이었다. 하지만 툴루즈 로트레크는 장애라는 특성을 중심에 놓고 자신의 역할을 만들어갔고, 죽을 때까지 장애를 앞세우며 살아간 인물이다.

젊은 시절에 쓴 편지에서 자신의 장애를 강조하고, 장애가 신의 정체성을 이루는 한 부분이라고 주장했다. 그는 자신의 그림에 〈발이 부러진 앙리〉라고 서명했다. 로트레크는 프리아포스처럼 자신의 장애를 조롱거리 삼아 수치심과 두려움을 조장하고 그것을 즐기는 쪽을 선택한 듯하다. 하지만 그에게 다른 선택의 여지가 있었을까? 로트레크는 현실을 아주 잘 알고 있었고, 무척 고통스러워했다. "끔찍스러운 존재인 내가 어머니에게 절망을 안기고 있어요." 로트레크가 자신의 어머니에게 쓴 편지 내용의 한 대목이다. 그러면서도 자신의 흉한 부분을 감추지 않고 드러냈다.

장애를 드러내 보이고, 상처를 신랄하게 비틀어 자신의 특징으로 만들고, 다른 사람들보다 먼저 스스로를 조롱하는 그의 심리적 대처방식은 초상화가이자 캐리커처 작가로서의 뛰어난 자질로 승화되었다. 로트레크는 각 인물의 눈에 띄는 특징을 예리하게 잡아냈다. 자신을 그린 캐리커처는 더 대단하고 강렬하다. 자신의 짧은 다리, 두툼한 입술, 기형적인 실루엣, 무엇보다 텁수룩한 털이 두드러져 보이도록 그렸다. 자신을 반인반수의 괴물 사티로스나 동물 조련사, 개의 모습으로 그렸고, 자신의 누드는 항상 성기가 발기된 상태로 그렸다.

로트레크는 심술궂은 태도로 자신을 조롱함으로써 추함에서 영광을 끌어낸다. 모든 것을 적나라하게 비추는 잔인한 빛 앞에서 자신의 기괴함을 보란 듯이 드러낸다. 어쩌면 과시한다는 게 더 정확한 표현일지도 모르겠다. 그러나 그 안에서 약삭빠르게 즐거움을 끌어낸다. 탄식을 승리감으로 바꾸어버린다. 물론 고통스러운 승리감이다. 하지만 이 승리감이 자신의 길을 가게 만든다. 그 길에서 로트레크는 자신의 정체성을 발견한다.

혐오스럽거나 매혹적이거나

프리아포스 신화와 로트레크의 이야기는 닮은 점이 있다. 장애가 매력과 혐오, 거부와 매혹과 같이 상반된 태도를 자극한다는 사실을 말해준다. 상반된 것들이 결합하면 두려움을 불러일으킨다. 신화에서는 프리아포스가 고대 그리스의 도시 람프사코스의 많은 여자들을 매혹시켰고, 질투심을 느낀 남자들이 그를 도시에서 쫓아냈다고 전한다. 장애아들은 장애가 있는데도 유혹의 힘을 발휘한다. 로트레크는 기형인 자신의 몸을 이용해 사람들의 마음을 흔들었고, 사람들을 압도했다.

장애인의 성은 혐오스럽거나 매혹적이다. 혐오와 매혹이 함께 있다. 프랑스의 사상가 조르주 바타유Georges Bataille는 혐오가 있으면 매력은 멀리 있지 않다고 강조한다. "내가 욕망과 혐오의 형태를 분간하지 못하는 것은 아니다. 그리고 혐오와 매력이 뒤섞여 있다는 말도 아니다. 하지만 혐오가 매력을 억제하고 파괴할 수 없다면, 혐오는 오히려 매력을 강화한다!"

바타유는 우리가 장애에 대해 느끼는 두려움의 본성을 명확하게 밝히고 그 의미를 알려준다. 혐오는 받아들일 수 없는 매력을 억제하고 파괴하는 역할을 한다고. 하지만 만약에 혐오가 그런 역할을 제대로 해내지 못한다면 매력은 더욱 두드러져 보이게 된다고 말이다. 혐오는 매력을 가린다. 거부는 매혹당하고 있음을 감추려는 행동이다.

장애인의 성은 엄청난 혐오를 불러일으킨다. 그 혐오가 두려움을 가린다. 실제로 불안한 환상과 격렬한 공포를 불러일으키는 가장 위협적인 이미지는 '다르다'고 낙인찍힌 존재와 성적으로 가까워진다는 생각이다. 그 순간부터 장애가 있는 사람에게 매혹된다는 것은 용납할 수 없는 일, 어떻게든 피해야 하는 일이 된다. 그렇기 때문에 더 위험하고 억눌러야 하는 생각이다. 장애아가 여성, 남성이 구별되는 어른의 성 정체성에 접근하면서 부딪치는 문제는, 장애인이 항상 혐오와 매력을 함께 지니고 있어서 두려움을 느끼게 하는 존재라는 것이다.

배척

남과 닮을 권리

어느 날 아침 어지러운 꿈에서 깨어난 그레고르는
침대에 누워있는 자신이 끔찍한 벌레로
변해있는 것을 알게 되었다.
(……)
나머지 것들을 치우는 것에 관해서는
걱정을 하지 말기를.
이제 다 끝난 일이다.

카프카 《변신》의 시작과 끝 부분

"난 다운증후군인데 넌 뭐야?"라는 질문으로 마리가 던지고 있는 진짜 문제는 '다름'이 아니라 '닮음'에 있다. 여러 학회와 출판물들은 장애아를 '남과 다른' 아이라고 거침없이 말한다. 보편성을 무시하고 특수성에 초점을 맞추면서 '닮음'을 무시하고 '다름'을 강조한다. 이것은 장애아가 '다른 사람들과 같은' 존재라는 것을 인정하지 않으려는 태도이다. 실제로 '다르다'는 것은 '닮았다'는 것보다 흡인력이 훨씬 크다. '다름'은 눈에 띈다. 확실하게 눈에 들어오고 주의를 끈다. '다름'은 명백하다. 반면 '닮음'은 파악하기가 쉽지 않다. 그런 만큼 불안하다.

타인을 그가 나와 '다른' 존재라는 사실과 함께 받아들이기란 쉽지 않다. 하지만 타인을 나와 '닮은' 존재라는 사실과 함께 받아들인다는 것은 차원이 다른 문제다. 어떻게 보면 더 위협적일 수 있어서 더 어렵다. 누군가 나와 닮았다면 그는 나의 거울이다. 그런데 그 거울을 통해서 내가 인정하지 않는 나 자신의 어떤 면을 발견하게 될 위험이 있다. 그럴 때 사람들은 공포를 느낀다. 그러므로 다를 권리를 요구하는 것보다 닮을 권리를 주장하는 것이 훨씬 더 탈이 많다.

위험은 '닮음'에 있다

완전히 다른 존재는 사실 전혀 위협적이지 않다. 이 말은 19세기 이전 사회를 돌아보면 그 이유를 쉽게 알 수 있다. 옛사람들은 장애인들을 자신들과는 다른 본성을 가진 존재로 여겼다. 완전히 다른 존재이기 때문에 장애인들은 자신들의 온전함에 아무런 흠집도 내지 않았다. 그래서 아무런 영향을 받지 않고 장애인을 바라볼 수 있었다. 단지 호기심과 조롱의 대상일 뿐, 걱정거리도 거부의 대상도 아니었다. 19세기 이전의 사회는 귀족과 노예가 아무런 공통점이 없고, 남자와 여자가 동등한 권리를 갖고 있지 않으며, 흑인과 백인이 전혀 다른 인종인 것처럼, 장애인은 비장애인과 어떤 점도 닮을 수 없었다. 불행을 당하거나 장애가 있는 사람들을 있는 그대로 바라보았고, 늘 철저하게 자신들과 다른 존재로 여겼다.

하지만 프랑스혁명이 일어나고 모든 인간이 평등하다는 사상이 등장하면서 장애인을 바라보는 관점이 달라지기 시작했다. 역사학자 마르셀 고셰Marcel Gauchet와 정신의학자인 글래디스 스웨인Gladys Swain의 연구로 자기 자신을 타인처럼 생각하고, 타인을 자신과 근본적으로 다르지 않은 존재로 생각하는 상호성의 관계가 주목받으면서 장애를 이해하는 방식이 크게 달라졌다. 장애는 선천적이기 때문에 상태가 나아지지 않는다고 보지 않고, 변화와 개선의 가능성이 있다고 보았다. 그러므로 장애아는 사회집단의 일원이 될 수 있고, 경우에 따라서는 돌봄의 대상이 될 수도 있었다.

하지만 역사 발전과 무관하게 사람들의 일관된 태도는 장애인을 대할 때 자신과 공통점이 없다고 생각하는 것이 훨씬 편하다는 것이다. 겉모습이 다르다고 단정 짓고 나면 내면에서 일어나는 이상한 감정도 쉽게 떨쳐버릴 수 있기 때문이다.

카프카가 쓴 《변신》의 주인공 그레고르는 주변 사람들에 의해 '대상화되는' 운명에 처한다. 흉측한 벌레로 변한 순간부터 더 이상 본래의 자신으로 인정받지 못한다. 사람들은 그레고르를 인간으로 보지 않는다. 양심의 가책을 느끼지 않고 그를 희생시키기 위해서다. 하지만 정작 그레고르 본인은 자신의 정체성을 자각하고 있다. 비록 겉모습이 변하고, 말하는 능력이 없어져 의사소통을 할 수도, 자기 기분을 이야기할 수도 없었지만 말이다. 그레고르가 더 이상 말을 할 수 없게 되면서 가족들이 감정을 느끼는 능력도 없을 거라고 그레고르를 아예 무시하는 대목을 보고 있으면 그저 놀라울 따름이다. 말을 할 수 없는 사람은 생각하지도 못하고 느끼지도 못하는 사람 취급을 당한다. 다른 사람들 눈에는 괴물이 되었지만, 그레고르는 자신의 내면세계에서 여전히 예전과 똑같은 사람이다. 그레고르와 가족 사이에는 도저히 뛰어넘을 수 없는 엄청난 생각의 차이가 있다. 이것이 그레고르에게 가장 큰 고통을 준다.

다른 사람들은 그레고르를 '어떤 것'으로 취급하고 벌레 쫓듯 쫓아버리면 그만이었다. 가정부에게 그 일이 맡겨졌다. "집안의 쓰레기를 치우는 것은 당신이 할 일이오." "알았어요······." 말하기가 거북했던 가정부는 쓴웃음을 지어보였다. 하지만 그것만으로는 그레고르의 존재와 자신이 저지른 죄의 흔적을 한꺼번에 없애기가 부족하다고 느꼈는지 그레고르의 아버지는 이렇게 말했다. "오늘 밤에 가정부를 해고할 거야." 벌레뿐만 아니라 벌레 처리하는 일을 맡았던 사람까지 내쫓아야 했던 것이다.

소외의 논리는 타인을 가리키며 '당신은 우리와 완전히 다르다.'고 말하는 것에서 시작된다. 장애아를 장애인들의 세계라는 다른 세계로 내몰고, 정신질환자들을 정신병원의 높은 담 안에 가두고, 에이즈환자를 격리하는 이 모든 것들이 소외이다.

소외와 통합의 역설

'소외'는 어디에나 존재한다. 신문이나 정치가의 연설에서 '소외계층'이라는 말은 빠지지 않고 등장한다. 여기저기서 '소외에 맞서 싸우자', '소외된 사람들을 통합하자'고 외친다. '소외'와 '통합'은 당연한 말이 되었다. 모두가 자기 자리를 갖는 조화로운 사회를 이루려면 소외된 사람들을 사회에 통합하면 될 것이라고 생각한다. 과연 통합이 사회적 갈등을 없앨 수 있을까? 이런 생각은 비역사적인 사고방식을 보여준다. '갈등 없는 사회'라는 이상을 말하는 것에 지나지 않는다. 무턱대고 단순하게 '소외와 맞서 싸우자'는 정책은 모든 정파의 허망한 만장일치를 이끌어낼 뿐이다.

이런 정책들은 마땅히 준엄한 평가를 받아야 한다. 그 이론적인 전제들도 마찬가지로 평가받아야 한다. 그런 정책은 현장에서 실행해본들 정부가 생각했던 대로 되지 않는다. 현실은 훨씬 더 복잡하다.

소외와 통합의 상황은 수많은 역설을 낳는다. 때로는 통합의 과정에서 은연중에 소외의 상황이 발생한다. 장애인을 비장애인의 무리에 통합한다는 것 자체가 소외를 낳을 수 있다. 때로는 장애인을 특수시설에서 내보내는 것, 즉 소외시키는 것이 오히려 통합의 한 형태가 되기도 한다. 이런 역설적인 주장에서 한 발짝 더 나아가면, 한 사람의 삶이 여기에서는 매 순간 통합되고 저기에서는 매 순간 소외된다. 또 똑같은 사람이 똑같은 장소에서 통합되기도 하고 소외되기도 한다. 누구나 자신이 통합된 상태인지 소외된 상태인지를 분명하게 마음으로 안다. 그러니까 소외와 통합이라는 개념은 상대적인 가치로 받아들여야 하며, 그 미묘한 변화의 차이를 고려해서 표현해야 한다. 특히 소외와 통합이 '유일한' 개인이라는 측면을 무시할 위험이 있다는 것을 알려야 한다.

통합의 문제는 장애아의 성장과정에서 중요한 의미를 갖는다. 그런데 '통합한다'는 것은 어떤 의미일까? 개인을 그 사람이 본래 타고난 환경에 통합하지는 않는다. 누군가를 통합한다는 것은 개인이 자신이 원래부터 있지 않았던 다른 환경에 들어가는 것이다. 그 환경에서 개인은 '이방인'이다. 그러므로 통합은 시작부터 소외의 개념을 내포하고 있는 셈이다. 통합과정의 대상이 된 사람은 누구나 넓은 의미에서 이방인이다.

그런데 어떤 사람이 어떤 장소에서 이방인이라면 그것은 그 사람이 원래 있었던 다른 장소에서 쫓겨났기 때문이다. 장애아들은 어디에서 쫓겨난 것일까? 아이들은 장애가 없는 세상에서 쫓겨났다. 그 세상에서는 장애인에 대해 이렇다 저렇다 다양한 정의를 내리지만, 장애가 없는 사람들에 대해서는 정의해야 한다는 생각조차 하지 않는다. 심지어 그것을 너무 당연한 일로 받아들인다. 장애인의 정의를 잘 모르는 사람이라면 그는 비장애인의 세계에 속해있는 것이 확실하다. 결국 장애인은 '비장애인' 세계의 일원이 아닌 사람이다. 결국 장애인을 규정하는 정의가 소외의 형식 자체에서 만들어진다. 그리고 소외가 장애아들에게 커다란 고독의 근원이 된다.

'다른 사람과 같지 않은' 혼자?

15년 전, 유치원과 어린이집에서 장애아를 통합하는 학술연구에 참가한 적이 있다. 그때 나는 비장애아 그룹에 통합된 장애아의 외로움을 보고 충격을 받았다. 그 아이는 자신처럼 장애가 있는 아이와 마주칠 기회가 없었다. 아이는 성장과정에서 자신과 동일시할 상image이 반드시 필요하다. 하지만 다른 아이들과 '달라서' 혼자였던 아이는 그 상image을 찾을 수 없었다. 장애에 관해서는 오로지 어른들이 자신에게 드러내는 생각과 반응에 기대야 했던 아이는 다름과 소외감, 죽음에 관한 환상에 마음을 빼앗겼다. 아이는 남과 나의 차이가 첨예하게 드러나고 끝없이 다른 사람과 '다른' 존재로 있어야 하는 위험을 무릅쓰고 있었다. 아이가 견디기에는 무겁고 벅찬 상황이었다.

　아이는 '다른 세계에 속하는 사람'이다. 그런데 아이는 누구랑 닮았는가? 어떤 사람이랑 닮았는가? 아이는 자신과 닮은 아이들, 자신과 같이 '다른' 아이들을 만나고 싶다. 그래야 자신도 어딘가에 속해있다는 확신이 생길 것이다. 확신은 아이가 자기 정체성을 확립하는 데 필요한 조건 중 하나이다. 나와 닮은 사람들이 있다는 것, 한 집단의 일원이 된다는 것, 모여있는 사람들 가운데에서 외톨이가 아니라는 것은 대단히 중요한 경험이다.

　관할구역에 살고 있는 장애아의 3분의 1이 다니고 있는 파리의 한 어린이집을 예로 들어보겠다. 이 어린이집은 장애아 전용공간과 모든 아이들에게 개방된 공간의 벽을 허물었다. 많은 장애아들을 비장애아들의 모둠에 받아들인 순간부터 예상했던 것과는 전혀 다른 상황이 벌어졌다. 장애아를 바라보는 아이들의 시선이 다른 어린이집의 아이들과는 달랐다. 게다가 비장애아들과 장애아들이 상호작용하며 모두를 풍요롭게 하는 교류가 이루어졌다. 장애아들은 모둠에 혼자 있을 때보다 장애아가 여럿 있을 때 자신의 '다름'에 덜 집착했고, 여러 아이들과 더 잘 어울렸다.

　장애아 통합의 문제는 새로운 철학적 태도를 요구한다. 통합과 소외 같은 근본적인 개념을 다른 관점에서 접근하는 것이다. 비장애인 사이에 장애인이 섞이는 것 또는 장애인들 사이에 비장애인이 섞이는 것 자체에 의문을 제기한다. 모든 사람들이 모이는 곳에서 도대체 누가 누구를 통합한다는 말인가? 누가 누구에게 맞추어야 한다는 말인가? 자신과 다른 아이들을 만나게 되는 것은 장애아들이나 비장애아들이나 모두 마찬가지인데 말이다.

장애아들은 절대로 다른 아이들처럼 되지 않을 것이다. 하지만 장애아들과 그 부모들은 다른 사람들과 더불어 살아가기를 원한다. 이 아이들의 다름을 부정하자는 것도 아니고, 장애로 인한 특별한 어려움을 무시하자는 것도 아니다. 유아를 위한 사회시설에서 장애아들을 받아들이기 위해 넘어야 하는 난관을 더 이상 과소평가하지 않는 것이 중요하다. 다른 아이들보다 더 많은 시간과 관심이 필요한 아이들을 받아들일 때 어쩔 수 없이 제기되는 인적자원의 문제, 효율성의 문제, 교육연수의 문제 등이 바로 이들이 넘어서야 할 난관들이다. 그렇다고 하더라도 모든 교육활동에 참여할 능력도, 지식을 습득할 능력도 없는 장애아들이 비장애아들과 더불어 생활할 수는 없는 것일까? 그리고 성적이나 경쟁력과는 다른 기준에서 장애아와 비장애아가 함께 생활하는 것이 아이들의 단체생활에 도움이 되지는 않을까?

사실 장애아 통합에 성공한 기관들은 대개 교육적이고 심리적인 측면에서 성과가 상당히 높다는 점에서 진가를 발휘한다. 장애아를 돌보려면 세심한 주의력과 창의적인 상상력, 아이 한 명 한 명에 대한 관심이 있어야 하는데, 이것이 단체생활 전반에 좋은 영향을 끼치기 때문이다. 결국 장애아와 비장애아 모두에게 이익이 된다.

하지만 점점 더 엘리트주의를 향해 달려가는 교육현실과 건강한 아기들을 위한 프로그램을 강화하는 의료체계, 자기 아이들에게 과도하게 기대하고 걱정하는 부모들이 있는 사회에서 건강, 지적능력, 사회성, 성숙함, 자율성, 성공 그 어떤 것에도 한참 기대에 못 미치는 장애아들에게 어떤 자리가 마련되어 있을까? '유능해야' 하는 세상에서 유능할만한 아무런 능력도 갖지 못한 아이들은 어떤 삶을 살아갈까?

내가 그를 죽이거나
내가 나를 죽이거나

온갖 형태의 살해

살인까지 하게 되는 잔인함에 대하여

감히 단언하건대,

잔인함은 가장 자연스러운 인간의 감정 중 하나이다.

인간은 말을 할 때나 행동을 할 때,

어떤 태도를 취할 때, 그 모든 것을 할 때

잔인함을 지니고 있다. 가끔은 교육이 잔인함을 숨기지만,

잔인함은 지체 없이 다시 그 모습을 드러낸다.

그럴 때 잔인함은 온갖 방법으로 자신이

다시 왔음을 알린다.

사드 후작

"장애가 있는 아이와 함께 살다 보면 매일 지옥을 통과하는 단테의 여행을 경험하게 된다." 오에 겐자부로가 한 말이다. 장애아의 부모, 그리고 장애아와 관계를 맺은 사람들이 경험하게 되는 지옥은 어떤 것일까? 인간내면의 가장 어두운 부분, 즉 야수성, 잔인함, 극악무도함 같은 양면적인 감정들이 아닐까? 특히 장애아가 태어나면서 떠오르는 죽음에 대한 생각이 바로 지옥이 아닐까?

장애가 있는 아들이 태어나던 당시를 회상하는 오에 겐자부로의 말에 다시 귀를 기울여보자. 그는 아이의 이름을 지어야 하는 순간이 고통스럽고 낯설었다고 한다. 삶과 죽음이 너무나 내밀하게 얽혀있는 상황이 기이하게 느껴졌다고 한다. 삶과 삶이 아닌 경계에 있는 아이에게 어떻게 이름을 지어준다는 말인가?

살해의 욕망

"아드님에게 심각한 문제가 있습니다. 수술을 한다고 해도 아이가 죽거나 장애아가 될 수 있습니다." 의사의 말을 들은 오에 겐자부로는 출생신고를 해야 할지 말아야 할지 고민한다. "출생신고 기한이 끝나갈 무렵에 그는 자신이 사는 지역의 구청에 갔다. 직원이 아이 이름을 뭐라고 지을 건지 물어보았다. 하지만 그때까지도 그는 아이 이름을 전혀 생각해보지 않았다. 그 순간에 아이의 수술이 진행되고 있었다. 아이는 죽음과 장애아로서의 삶 중에서 무엇을 선택할지 강요당하고 있는 중이었다. 그런 아이가 이름을 받을 자격이 있을까?" 하지만 오에 겐자부로는 결국 아이의 이름을 찾아내고야 만다. "대학 1학년 때 알게 된 죽음과 장애아를 동시에 떠오르게 하는 라틴어 단어가 있었다. 그 단어와 '숲'을 뜻하는 한자의 발음이 같았다. 그는 아들에게 '모리'라는 이름을 지어주었다."

장애아를 보면 어쩔 수 없이 죽음을 떠올리게 된다. 모든 아이의 탄생이 어떻게 보면 삶과 죽음의 과정에 있다고 말할 수 있다. 모든 부모에게 아이는 삶의 연장인 동시에 죽음을 알리는 징후이기 때문이다. 그렇기는 하지만 아이의 장애를 알게 되는 순간부터 죽음에 대한 생각은 점점 커지고 지속적으로 격렬하게 모습을 드러낸다. 죽음에 대한 생각이 너무 강렬해서 장애아 주변에 있는 사람들의 정신세계를 전부 잠식할 정도이다.

고대 그리스 로마 시대에는 장애아들이 부모의 손에 죽을 위험에 처했다. 그리스와 로마의 법은 '자기 부모를 닮지 않은' 아이들을 버리라고 부모에게 명령했다. 신화와 전설에 따르면 아이를 버리는 유기에는 두 가지 방법이 있었다. 하나는 모세처럼 바구니에 넣어 물에 떠내려 보내는 것이고, 다른 하나는 시테론 산에 버려진 오이디푸스처럼 사람들의 발길이 닿지 않는 장소에 버리는 것이다.

이러한 유기는 아이를 사회적 공간 바깥으로 밀어내는 행위, 아이를 신에게 맡기는 행위이다. 즉 아이가 생겨난 근원지, 어머니의 품같이 물로 채워진 공간, 또는 원시의 자연으로 돌려보내는 것이다. 이것은 부정하다고 낙인찍힌 아이에게 사람들이 꺼리는 야만적이고, 미개하고, 비인간적인 특성이 있을 것이라고 상상한다는 의미이다. 또 아이를 야생의 장소, 탄생 이전의 장소로 돌려보냄으로써 부모에게 수치심을 안겨준 탄생은 없던 일이 된다.

유기는 아이를 직접 죽이는 것은 아니다. 실제로 일어나기는 어려울망정 아이에게 생존의 기회를 주기 위해 시련을 겪도록 하는 것이다. 신화에 등장하는 모세, 오이디푸스처럼 버림받고도 살아남거나, 레무스와 로물루스처럼 목동이나 동물의 손에 목숨을 구한 아이들은 시련을 이겨내는 영웅적인 운명을 타고난 아이들인 것이다.

우리는 신화를 통해 거부와 매혹이라는 장애인에 대한 이중적 의미를 다시 만나게 된다. 집단에서 버려진 아이가 결국 영웅이 되고, 그 도시에 불행을 가져왔던 사람이 초자연적인 힘을 부여받은 존재가 된다. 예를 들어 고대 그리스 로마시대에 시력을 잃은 사람은 특별한 지위에 있을 수 있었다. 초자연적인 통찰력을 부여받았다고 여겼기 때문이다. 가끔 병원에서 갓 태어난 아기가 보지 못하는 상태라는 걸 알게 됐을 때 부모가 특별히 더 크게 충격받는 것을 보게 된다. 무의식중에 아이가 앞을 못 볼 뿐만 아니라 너무 많은 것을 보는 사람, 다른 사람들이 인식하지 못하는 것을 보는 사람이라는 느낌을 받기 때문이다.

사람들은 장애아에게는 때로는 불길하고 때로는 행운을 가져다주는 신비한 힘이 있다고 생각한다. 하지만 어쨌든 이것 역시 장애아에게 자신의 감정을 격렬하게 투사하는 것에 지나지 않는다.

아이에게 장애가 있다. 아이가 이상하다. 이상하다는 것은 다른 세계에서 왔을 수 있다는 뜻이다. 사람들의 기대에 부응하지 못하는 이 아이는 해로운 대상이 될 위험이 있다. 아이는 메두사처럼 죽을 각오를 하지 않고는 대적할 수 없는 완벽한 다름을 구현한다. 아이는 자신의 부모에게 잔인한 고통을 안겨 준다. 그리고 그 대가로 다른 사람들에게 가혹한 대접을 받는다. 한참 비관적으로 생각하던 시절에 나는 장애아와 부모의 관계가 집행이 연기된 사형수와 잠재적인 사형집행인의 관계와 다를 게 없다고 생각하기도 했다.

사실 장애아를 보면 죽음을 생각하게 된다는 정도로는 충분하지 않다. 좀 더 정확하게 표현하자면 살해의 욕망을 불러일으킨다고 할 수 있다. 장애아를 자식으로 두지 않은 부모들은 자신에게 그런 상황이 닥쳤다고 상상할 때 드러내놓고 이렇게 말을 한다. "나한테 그런 일이 벌어졌다면, 나는 아이를 살리지 않기 위해 무슨 짓이라도 했을 거예요. 나는 아이를 죽였을 거예요."

몇몇 부모들은 임신 중에 장애아를 낳게 될까 봐 두렵다고 의사에게 털어놓으면서, 만일 아이에게 장애가 있으면 차라리 살리지 말아 달라고 부탁한다. 그리고 간혹 장애아를 낳은 부모가 아이를 죽이고 싶은 욕망을 직접적으로 표현하기도 한다. 하지만 이는 아이가 태어난 직후, 혹은 의료진에게 장애진단을 듣고 충격에 휩싸인 상태에서 아주 잠시 나타나는 본능적인 표현일 뿐이다.

장애아의 죽음을 생각하는 것은 너무 부끄럽고 용납할 수 없는 일이어서 항상 다른 무엇인가로 포장되거나 가면을 쓴 채로만 드러난다. 사드Sade 후작은 자신의 작품《소돔 120일》에서 살해에 대한 생각은 "온갖 방법으로 자신이 왔음을 알린다"고 썼다. 사드는 작품을 통해서 악을 인간과 세계의 구성요소로 보는 극단적인 시도를 한 작가이다. 내가 여기서 사드의 말을 언급하는 이유는 사드의 말 속에 들어있는 폭력성, 아이의 장애에서 비롯된 폭력성을 숨기려는 모든 가식을 폭로하기 위함이다. 또 사소한 것이라도 악을 은폐하려는 시도가 있다면, 그것을 자세히 묘사하고 낱낱이 파헤치는 것이 옳기 때문이다.

나는 필연적으로 장애와 붙어 다니는 폭력성을 가리는 가면을 모두 벗어 던지고, 수치심과 미움, 살해의 욕망이 있음을 인정하는 것이 오히려 더 도움이 된다고 생각한다. 가식은 부모와 장애아에게 많은 고통을 안겨준다. 어려운 관계로 얽힌 사람들은 내면의 폭력성이 그들을 둘러싸고 있다는 것을 인정할 수 있어야 한다. 그래야만 어두운 곳에 웅크리고 있는 폭력성이 드러날 수 있기 때문이다. 적이 모습을 드러내야 적을 상대로 싸울 수 있지 않겠는가.

환상과 현실 사이에서

정신장애가 있는 여덟 살 난 아들을 둔 어느 어머니는 나와 깊은 대화를 나눈 끝에 자기 삶에서 이루어지지 않은 희망에 대해 말했다. 나는 그 얘기를 들으면서 받은 나의 느낌을 그 어머니에게 말해주었다.

"더이상 버틸 수가 없으시군요." 바로 그 순간 어머니는 이렇게 말했다. "맞아요. 가끔 나는 혼잣말을 해요. 내가 아이를 죽이거나 내가 죽거나 해야 한다고요." 이 어머니가 고통스러운 여러 해를 지내면서 느꼈던 감정들이 나와 상담하는 그 순간에 자연스럽게 말이 되어 튀어나왔다. 실낱같은 희망밖에 남아있지 않은 상황에서 죽음만이 유일한 출구일 것 같다는 생각이 어떻게 문득문득 들지 않았겠는가? 당연한 반응이었다. 그런데 왜 그 어머니는 그동안 한 번도 그 말을 털어놓지 못했을까?

죽음에 대한 생각을 말하기 어려운 것은 장애가 죽음과 밀접하게 관련되어 있어서 죽음을 생각하는 것만으로도 죽음이 현실에서 실현되기가 수월해지기 때문이다. 장애가 있는 삶은 환상과 현실 사이에서 혼란스럽다. 혼란의 싹은 잘라내야만 한다. 생각하는 것이 행동하는 것은 아니다. 그런데 장애와 관련해서는 생각과 행동이 혼동될 위험이 있다. 이 아이가 태어나지 않았어야 한다고 말한다고 해서 아이가 정말로 세상에서 사라지는 것은 아니다. 상상이 실제로 아이를 사라지게 하지는 않는다는 말이다.

어떤 아버지는 다운증후군이 있는 아들이 태어나고 며칠이 지난 뒤에 이렇게 말했다. "나는 아이를 죽일 생각으로 병원에 갔었어요. 내가 아이를 죽이지 않은 것은 순전히 아이가 자고 있는 신생아실에 들어갈 수 없었기 때문이에요." 당신이라면 이 아버지에게 뭐라고 말하겠는가? 아마도 이렇게 말해주어야 할 것이다. "그렇게 하겠다는 상상은 했지만 실제로 하지는 않았잖아요." 상상하는 것과 행동하는 것 사이에는 중대하고도 근본적인 차이가 있다. 이것을 인정하지 않으면 부모는 피폐해지고 무거운 죄책감을 느끼게 된다.

장애아의 부모들은 모순된 상황에 당황하고 괴로워하며 감정의 무거운 양면성에 사로잡히고 만다. 그러므로 다운증후군이 있는 아들에게 살의를 느꼈다는 아버지에게 그가 아들을 죽이고 싶었던 것이 아들을 사랑하지 않는다는 뜻은 아니라고 말해줄 수 있어야 한다. 거부가 애착을 가로막지는 않는다. 증오와 사랑은 공존한다. 인간관계에 당연히 있는 근본적인 양가감정을 인정해야 한다.

어느 아이나 사랑도 받고 미움도 받는다. 애정을 샘솟게 하는 존재이면서 언제든 원수처럼 여겨질 수 있는 존재이다. 어느 어머니나 아이를 키우면서 가끔은 이렇게 외친다. "이젠 정말 지긋지긋해. 계속 그러면 창문 밖으로 던져버릴 거야." 그렇다고 실제로 창문 밖으로 아이를 던질 생각은 없다. 부정적인 감정은 긍정적인 감정과 얽히면서 서로를 보완한다. 그러니 이 어머니의 외침은 계속해서 환상에 머물러있다.

하지만 장애아의 부모가 이런 말을 했다면 이 말은 고통을 진정시켜 줄 수 있는 말이 아니다. 왜냐하면 그 말은 뼈저리게 느끼고 있지만 강하게 억누르고 있는 생각을 표현한 것이기 때문이다. 장애아 부모는 이중으로 죄를 짓고 있다. 하나는 장애가 있는 아이를 낳았다는 것이고, 다른 하나는 그 아이가 사라지기를 바란다는 것이다.

폴린느 어머니는 자신이 임신했다는 말을 듣고 펑펑 울었던 것을 기억하고 있었다. 당시 어머니는 젊었고 아직 결혼도 하지 않은 상태였으며 막 외국유학을 떠나려던 참이었다. 너무 일찍 생각지도 않았던 임신을 하게 된 것이다. 그런데 상황이 달랐더라면 대수롭지 않게 잊혔을 이 눈물이 중증장애아가 태어나면서 중대한 의미를 가지게 되었다. 그때의 눈물은 아이가 세상에 나오지 않았으면 좋겠다는 어머니의 바람을 담고 있었고, 장애가 죽음을 떠올리게 할 때마다 그 바람을 들쑤셔놓은 꼴이 되었다. 폴린느 어머니는 그때의 눈물을 지나칠 정도로 심하게 자책했다. 그저 환상에 불과한 표현마저 모두 위험한 것이 될 만큼 현실이 무거웠던 것이다.

　죽음과 살해에 대한 생각을 용납할 수 없어서 부모는 그런 생각과 싸우다가 진이 빠진다. 장애아를 보살펴야 한다는 부담까지 더해져 싸우다 지쳐 결국 쓰러지고 마는 경우도 있다. 그런 부모들에게 자신들이 평가받는다고 느끼지 않는 범위에서 이런 생각들을 표현할 기회를 준다면 죄책감이 줄어드는 동시에 큰 위안을 얻는다. 부모들을 '죄의식에서 벗어나게' 해주어야 한다. 죄의식에서 '벗어난다'는 표현이 어쩌면 적절하지 않을 수도 있다. 죄의식은 누구에게나 있는 것이고, 장애는 필연적으로 부모의 죄의식을 자극하는데 어떻게 죄의식에서 벗어날 수 있겠는가. 그렇더라도 환상에서 비롯된 표현을 두둔해줄 수는 있다. 그런데 병원에 있다 보면 이것이 의외로 어려운 일이라는 것을 확인하게 된다.

　살해의 욕망과 연결된 무거운 죄의식 때문에 많은 부모들은 모순된 태도를 취한다. 억압된 욕망을 숨기기 위해서 그렇게 한다. 아이가 어떤 행동을 해도 부모는 감히 제지할 수 없다. 아이를 벌주거나 아이의 행동을 제지하려고 하면 순간 아이가 죽었으면 하는 마음이 생긴다. 그러면 즉시 그 마음을 눌러버리고 가짜 인내심으로 그 자리를 채운다. 이런 경우에 장애아는 집안의 독재자가 된다. 그때부터 악순환이 계속된다. 부모가 차마 말하지 못할 뿐이지 자신을 거부하고 있음을 직관적으로 느끼고 불안해진 아이는 부모를 들볶아 지치게 만든다. 부모가 몸과 마음을 다해 자신을 돌봐주기를 기대하면서 부모를 끝까지 몰아붙이기 때문이다. 부모는 점점 더 지치고 부모로서의 역할을 다하는 것마저 어려워진다.

이 악순환을 멈추고 부모역할을 제대로 하려면 반드시 외부의 개입이 필요하다. 부모의 태도 때문에 아이가 계속해서 무엇이든 자기 마음대로 하려 드는 것이라고 알려주어야 한다. 그리고 이 상황이 계속되면 결국 아이는 미성숙한 상태에 머물면서 다음 단계로 발달하지 못하게 된다는 점도 알려주어야만 한다.

증오가 연민이 될 때

살해의 욕망을 감추는 방법 중 하나는 정반대의 태도를 취하는 것이다. 그래서 아이가 사라지기를 바라는 마음은 아이를 위해서는 뭐든지 하겠다는 상반된 의지로 변한다. 부모의 과잉보호와 지나친 행동들은 거기에서 시작된다. 그래서 아이를 특수시설에 보내는 것을 힘들어하는 부모도 있다. 시설에 보내는 것이 아이를 거부하거나 버리는 것이나 마찬가지라고 생각하고 결국에는 죽이는 것이나 다를 바 없다고 생각하는 것이다. 이런 이유로 아이를 특수시설에 보내기를 망설이고, 시기를 늦

추는 부모가 많다. 그럴 때 부모는 전부가 아니면 아무것도 아닌 상황에 처한다. 아이를 특수시설에 보내면 아이를 내보내고 싶어 한다는 것을 들키게 된다. 아이가 죽는 걸 전혀 바라지 않는다는 사실을 증명하기 위해서라도 아이를 데리고 있어야 한다고 생각한다.

이 지점에서 또다시 부모의 복잡한 감정을 정리할 수 있도록 도와주는 일이 아주 중요해진다. 예를 들어 헤어지는 것은 죽는 것이 아니고, 거리를 두는 것은 단절이 아니며, 학교를 찾아주는 것이 내쫓는 것은 아니라는 말을 해주어야 한다. 그래야 부모가 전부(아이와 절대로 헤어지지 않을 것이다.)와 아무것도 없는 것(아이가 사라진다.) 사이에 놓여있는 여러 가능성 중에서 자기 자리를 찾고 자기 길을 선택해서 갈 수 있기 때문이다.

사회적인 측면에서 장애인을 대하는 태도를 통틀어 정신분석학자들은 '역집중'이라고 부른다. 역집중은 프로이트가 내세운 개념인데, 용납할 수 없는 표현이나 욕망이 솟아나는 것을 적극적으로 막으려는 정신작용이다. 절대로 해서는 안 되는 금지된 생각이 있는 자리를 다른 생각들, 외부의 대상을 보고 반응함으로써 생기고 쌓이는 것들이 채워 금지된 생각을 감추는 역할을 한다.

사람들은 역집중을 통해 '장애'를 거부하고 싶은 생각을 억누르고 정반대의 태도를 취한다. 그 대상이 아이인 경우 이런 현상이 더욱 도드라지게 나타난다. 아이인데다 장애까지 있어서 이중으로 힘이 없는 존재에 대해 거부감을 갖는다는 것은 특히 용납할 수 없는 것이라고 생각하기 때문이다. 그래서 처음에는 무의식적으로 두렵고 아이가 차라리 죽기를 바라는 마음이 들지만, 결국 그 마음을 동정심으로 감춘다. 동정심은 표현하는 사람과 대상이 된 사람 사이에 뛰어넘을 수 없는 단절을 만들어내는 감정이다. 동정의 대상이 되는 사람은 나와 '다른' 사람일 수밖에 없다. 누군가를 동정한다면 그에게는 일어났지만 나에게는 일어나지 않은 일에 대해 그를 불쌍히 여기는 것이다. 동정심은 증오의 숨겨진 뒷면이다.

입을 다물다

나를 '잘 모르는' 사람들이 내가 장애와 관련된 일을 한다는 것을 알게 되었을 때, 또는 장애아들에 대해 이야기할 때 마음이 불편해지는 경우가 있다. "불쌍한 아이들이네요. 그러니까 전혀 희망이 없는 거지요?"라고 말하거나, 아니면 "용기가 대단하세요. 저는 엄두도 못 낼 일인걸요."라고 말할 때다.

사람들은 장애아에 대한 거부감을 이런 식으로 표현한다. 희망도 미래도 없는 아이들, 세상에 태어나지 말았어야 할 아이들, 보기만 해도 혼란스러워져서 화나게 만드는 아이들이라고 생각한다. 나는 이런 말을 들었을 때 반박할 수 있다. 하지만 사람들이 비정하게 손가락질하며 동정하는 장애아의 혈육이자 아이의 장애에 죄책감을 느끼는 부모는 부끄러워하고 침묵하는 경우가 대부분이다.

아이에게 장애가 있다는 말을 듣는 경험은 머리로는 도저히 이해할 수 없을 만큼 공포스럽다. 장애아의 부모들에게 이런 경험은 무시할 수도, 피해 갈 수도 없는 시련이다. 시련을 헤치고 나아가야 하는 부모들은 이런 경험을 통해 특별한 상황에 놓이게 된다. 부모들은 다른 사람에게 말로 설명하거나 이해시킬 수 없는 깨달음을 얻게 된다. 깨달음이 장애아의 부모들을 다른 사람과는 완전히 다른 존재로 만든다. 경험을 통해 얻은 깨달음을 어떻게 설명할까? 누구에게 털어놓을까?

부모 대부분은 시련을 겪으면서 입을 다물게 된다. 엄밀히 말하면 말하는 것을 거부하게 된다. 말로는 표현하기 어렵기 때문이기도 하고, 이런 이야기를 들어줄만한 사람도 없기 때문이다. 강제수용소에 끌려갔다 풀려나온 사람들은 자신들이 겪은 일을 말로 설명하지 못한다. 장애아의 부모도 비슷한 처지라고 할 수 있다.

스페인 출신의 작가이자 정치가인 호르헤 셈프룬Jorge Samprun은 나치수용소에서 풀려난 지 50년이 지나서야 《글이냐 삶이냐》라는 제목의 책을 냈다. 이 책에서 그는 이루 말할 수 없이 끔찍했던 경험을 다시 떠올리는 고통을 이야기한다. 그리고 그가 수용소에서 돌아오는 길에 만났던 사람들의 반응에 대해 이렇게 말한다. "불행하다고 해야 할지 조금 운이 없었다고 해야 할지 모르겠지만, 수용소를 나온 뒤 내가 만난 사람들의 태도는 딱 두 종류밖에 없었다. 하나는 질문을 피하면서 마치 대수롭지 않은 외국여행을 다녀온 사람 대하듯 하는 태도이다. '아, 그러니까 돌아왔군요!'라는 정도의 반응. 그들은 그런 말에도 내가 대답할까 봐 두려워했다. 내 대답을 듣고 도덕적 불편함을 느끼게 될까 봐 두려운 것이다. 다른 하나는 '거기서 정말 힘들었지요?'라는 따위의 바보 같고 피상적인 질문들을 마구 쏟아붓는 태도이다. 만약 내가 겪은 일을 짧게나마 사실대로 진지하게 이야기했다면, 그들은 입을 다물고 불안해하고 손을 떨면서 아무 신에게라도 기도했을 것이다. 그러고는 침묵에 빠졌을 것이다."

  누구와도 나눌 수 없는 경험이 있다. 시련이 가져다주는 강력한 재앙의 힘을 겪어보지 못한 사람들은 이해하지 못하기 때문에 소통하고 싶은 욕망을 차단한다. 이런 식의 차단은 처음 바라보는 순간부터 급작스럽게 나타난다. 처음 몇 마디 말을 나누는 순간, 이해하지 못하는 표정을 짓고 공포를 느끼며 멀리하는 모습을 보인다. 침묵이 찾아온다. 때로는 스스로도 인지하지 못하는 사이에 침묵이 찾아오기도 한다.

처음에는 이 침묵이 자신이 표현할 능력이 없어서 말을 하지 못하기 때문이라고 생각한다. 그러다가 결국에는 죄책감을 느끼게 된다. 다른 사람들을 끔찍한 세상 속으로 떠미는 것은 부당한 일일 것이다. 마찬가지로 장애아가 불러일으키는 공포와 증오의 감정을 다른 사람에게 드러내는 것도 부당한 일일 테니까.

군중 속의 고독

장애아 부모는 누구에게도 말을 하지 못하는 고독한 상태에 머무른다. 자신이 다른 사람들과 다른 세계에 있다는 느낌을 받으면서 살아간다. 이해를 받을 수도 없고, 경험을 서로 나눌 수도 없다. 그래서 부모들은 자신과 똑같은 시련을 겪고 있는 사람들을 만나면서 위안을 얻는다. 비슷한 일을 겪고 있는 사람들만이 서로의 고통을 이해할 수 있고 함께 걱정해줄 수 있다고 생각하기 때문이다. 그래서 더욱 단단하게 결속하고 때론 지나치게 전투적인 태도를 취한다. 세상과 맞서 싸울 듯이 격렬한 반응을 보여야만 고통이 진정된다는 듯이 말이다.

이것은 장애아 부모들이 자신의 고통을 함께 나누고 받아들일 준비가 되어있는 '다른' 사람들, '다른' 공간을 발견하지 못했다는 뜻이다. 사회가 그들의 고통을 개인적인 문제로만 떠넘

기며 사회적 분담을 제대로 이루어내지 않고 있기 때문이다.

최근 몇 년 동안 많은 발전이 있었다고는 하지만, 장애는 여전히 직접 관련된 사람들에게만 떠넘겨진 영역이다. 장애 당사자들과 장애인의 가족, 장애 전문가들에게 말이다. 다른 사람들은 그들을 거들떠보지 않는다. 간혹 언론을 접하며 호기심 어린 관심을 보이기는 한다. 하지만 그것도 잠시, '이건 나하고는 전혀 관계없는 다른 사람들에게만 일어나는 일이야.'라는 태도를 보인다. 이런 태도는 사람들이 여전히 장애를 두려워하고 있기 때문이 아닐까?

전쟁이나 지진 때문에 입는 정신적 외상과는 달리, 사회나 자연의 변화와 직접적인 관련 없이, 집단과도 무관하게 그저 한 개인에게 일어난 사건으로 남는다는 점이 장애의 특수성이라고 할 수 있다. 장애는 역사가 아닌 가계에 흔적이 남는다. 장애아와 혈연으로 맺어진 사람들만 특별히 관련되어 있다. 그래서 장애는 특별히 더 비극적인 결과를 낳는다. 물론 부모가 죄책감을 느끼는 것은 어쩔 수 없는 일이다.

하지만 사회가 장애를 순전히 개인적인 문제로만 보려 하기 때문에 부모의 죄책감은 더욱 커진다. 나는 장애가 '끊임없이 계속되는' 문화현상이라고 생각한다. 시대상을 반영한다는 말이다. 현 사회는 개인을 중심에 놓고 있다. 가족의 단위도 대가족에서 핵가족으로 점점 축소되고 있고, 가족 안에서 일어나는 일들을 사회적인 가치나 관습과는 관계없다고 생각하면서 살아간다. 이런 사회에서는 개인이 져야 하는 책임의 비중이 커질 수밖에 없다. 시대 상황이 이렇다 보니, 아이는 부모의 아이만이 아닌 친족 전체, 나아가 사회 전체의 아이이기도 하다는 사실을 잊고 있다. 살아가면서 필요한 것들을 스스로 마련할 방법도 없고, 자립해서 삶을 꾸려갈 방법도 없는 장애인을 책임지는 일은 사회구성원 모두가 해야 할 일이라는 것을 잊고 있다. 장애아와 장애를 바라보는 사람들의 시선이 한 시대를 대표하는 문화규범 안에 있다는 점을 잊고 있다.

이 사회에서 부모는 혼자서 아이의 특수한 상황을 감당해야 하고, 아이의 장애를 보면 떠오르는 죽음과 살해에 대한 생각과도 맞서 싸워야 한다. 장애라는 무거운 짐을 힘들게 홀로 지고 있는 것이다.

당신은 선택할 수 있다

윤리적 문제들

내게 말하라. 입 밖으로 나온 말은 누구의 것인가?

말을 한 사람의 것일까?

아니면 그 말을 듣는 사람의 것일까?

마이스터 에크하르트

"당신이 선택할 일이에요." 의료진들이 아이의 장애진단을 알려주면서 부모들에게 이런 말을 했다고 한다. 이 말에는 부모가 장애아를 버리거나 시설에 보내는 것이 가능하고, 아이를 받아줄 수 있는 시설이 있다는 의미가 담겨 있다. 이 말을 들은 부모들은 얼마나 당황스러웠겠는가? 장애가 있지만 이 아이는 부모가 아홉 달 동안, 아니 어쩌면 몇 년 동안 꿈꾸며 기다려온 자신의 아이다. 장애아의 부모는 남들은 이해하지 못하는 고통을 느낀다. 외롭게 고통받고 있는 부모가 어떤 선택을 할 수 있을까?

아이의 장애진단이 확정되는 순간 부모에게 아이의 양육과

교육에 대해 의견을 내놓는 것은 물론 바람직하고 필요한 일이다. 장애아 부모는 살아가면서 도움이 필요한 순간이 왔을 때 사회가 아이를 위해 마련해둔 지원방안들을 마땅히 알고 있어야 한다. 하지만 아이로 인해 충격과 고통에 휩싸여있는 부모에 대한 배려가 먼저이다. 신중하게, 천천히, 부모가 죄책감을 느끼지 않도록 차근차근 배려하면서 대화를 나누는 것이 중요하다.

충분한 시간이 필요하다

결코 서두를 일이 아니다. 천천히 해야 한다. 당장 구체적인 결론을 얻으려고 채근할 일도 아니다. 어떤 선택을 하든 너무 빨리 결정을 내리게 되면, 장애를 갖고 태어난 이 아이가 부모의 인생에서 어떤 의미인지 충분히 느끼고 표현할 수 있는 기회를 잃게 된다. 그렇게 되면 이때의 결정이 부모의 마음에 고통스러운 기억으로 남게 된다. 충분한 시간을 갖고 기다려야 온갖 문제들이 떠오르게 되는 법이다. 심사숙고하다 보면 생각이 깊어져 무엇이 문제인지 파악하고 이해할 수 있을 테니 말이다.

특히 부모는 정신적 충격을 받은 순간에 모순되고 변덕스러운 정서반응을 보인다. 아이를 대하는 태도도 계속 변한다. 아이 또한 자신만의 감성과 개성으로 부모의 태도를 변화시킬 것이다. 부모와 아이의 관계가 어떻게 달라질지 예측할 수 없게 된다. 그러므로 미래를 좌우하는 중대한 결정을 절대로 급하게 내려선 안 된다. 아이와 부모 사이의 관계가 자리 잡을 수 있도록 기다려줘야 한다.

부모가 죄책감을 느끼지 않도록 하는 것도 중요하다. 그러기 위해서는 구체적으로 이런 저런 제안을 하기보다 그냥 부모의 말을 들어주고 인정해주어야 한다. 물론 부모를 정서적으로 지지해주는 일은 쉽지 않다. 장애아 부모가 느끼는 고뇌와 증오심과 죽음에 대한 생각들에 귀를 기울여주고, 아무 말 없이 특별히 뭔가를 요구하지 않으면서 곁에 있어주어야 한다. 그러다 보면 별 다른 도움이 되지 않을 것 같은 이 순간들이 부모와 아이의 미래에 대단히 긍정적인 역할을 하게 될 것이다.

"당신은 선택할 수 있어요."라는 말에는 이 사건의 충격을 부정하고 지워버리려는 의도가 담겨있다. 장애아 부모는 "빨리 아이를 다시 가지셔야 할 거예요."라는 말도 듣는다. 마치 둘째 아이가 첫째 아이를 없는 것으로 만들 수 있다는 듯이 말이다. 나름 위로라고 하는 말이 마치 갓 태어난 아기를 없애려는 의도를 가지고 있는 것처럼 느껴진다. 그러니까 장애아는 세상에서 폐기될 운명인 것이다. 부모와 아이 사이에 놓인 깊고 복잡한 관계 따위는 아랑곳하지 않는 말이다.

새로운 의학기술

새로운 의학기술과 관련해서도 고통스러운 선택의 문제가 제기된다. 이제는 임신 중에 태아의 이상을 알아내서 치료적 유산을 결정하는 일이 가능해졌다. 치료적 유산을 겨우 '면한' 아기를 모니터링해서 유전적 문제가 있는지 확인해주는 초음파검진, 양수검사를 비롯해서 여러 가지 진단기술이 개발되었으며, 최근에는 착상 이전에 장애를 진단하는 새로운 의학기술들이 소개되었다. 의학기술의 발전이 예방의 차원에서 진전을 가져왔다고 하지만, 한편으로 복잡한 윤리적 문제를 일으키고 이제까지는 없었던 임상 상황을 발생시킨다.

의학기술의 발전이 가져온 변화는 아이가 세상에 나오기도 전에 장애의 문제가 제기된다는 것이다. 임신기간 내내 부모들은 다양한 검사를 받으면서 불안을 겪는다. 그리고 이런 검사들이 태어날 아이의 미래를 좌우할 장애 여부를 현실화하거나 객관화한다. 하지만 장애가 확인되어 치료적 유산을 결정하는 경우에 부모는 더 복잡한 방식으로 아이 잃는 슬픔을 겪게 된다. 어린 시절에 느꼈을 수 있는 형제나 자매가 죽기를 바랐던 것과 비슷한 죄의식을 느낀다. 또 청소년기에 했던 임신중절의 고통스러운 기억이 되살아나기도 한다. 과거와 연결된 여러 가지 생각이 자신도 모르는 사이에 부모의 선택과 결정에 영향을 끼칠 위험이 있다.

임신기간에 아이의 이상을 발견하고 치료적 유산을 결정하기까지 부모는 어쨌든 장애아를 가졌다는 사실에 직면하게 된다. 임신을 중단한다고 해도 일정기간 장애아의 부모였다는 점은 변함이 없기 때문이다. 그래서 어쩔 수 없이 죄책감을 느끼고 벌을 받는다는 생각을 지울 수 없게 된다.

모든 발전이 다 그렇듯, 새로운 의학기술의 발전이 때로는 예기치 않은 역효과를 가져오기도 한다. 그것은 '치료적 유산'이 '어떤' 아이를 선택하느냐의 문제라는 점이다. 어떤 삶이 그만한 고통을 겪으면서 살만한 가치가 없다고 결정할 때, 무엇을 고려해서 어떤 기준으로 해야 하는 것일까? 이것은 기준을 선택하는 문제다. 이 문제는 자연스럽게 인류의 생물학적 선별이라는 개념을 떠올리게 한다. 어떤 의미에서 보면, 의학의 발전이 표준이 아닌 모든 사람들을 제거하고 싶은 쪽으로 흘러가는 것은 아닐까 하는 의심을 갖게 한다. 과연 어떤 표준에 맞지 않는다는 것일까? 그리고 누가 이런 표준을 정하는 것일까?

표준은 늘 문화적으로 결정된다. 그래서 문화마다 다양한 표준이 있다. 몇몇 아프리카 문화와 마찬가지로, 고대 그리스에서는 쌍둥이를 불길하게 여겼다. 둘이 한꺼번에 태어나는 것은 두 배의 수확을 연상시키고, 그러므로 잘못된 것이라고 여겼다. 사생아에 대해서도 비슷한 감정을 가졌다. 간통으로 인한 임신은 벌을 받아야 하기 때문이다. 또 남자아이를 선호하는 문화적 전통이 있는 나라에서는 태아가 여자이면 유산을 시키려고 양수천자검사를 한다. 그러므로 태아의 질병이나 기형은 선택을 할 때 고려하는 여러 요소 중 하나일 뿐이다. 문제가 되는 것은 윤리적으로 더 많은 논쟁을 불러일으키는, 절대로 받아들일 수 없는 또 다른 기준들이다.

나는 종종 고대에 자행되었던 영아유기가 새로운 의학기술의 지원이라는 옷을 입고 현대적인 형태로 그대로 이어지는 것은 아닐까 생각하게 된다. 새로운 의학기술 덕분에 아이를 버리는 대신에 그보다 훨씬 더 빨리 개입할 수 있게 되었다. 영아유기와 근본적으로 무엇이 다른지 의문이 드는 것이다. 역설적이게도 장애의 예방은 인간의 권리를 위한다는 명분을 내걸고 장애를 가진 개개인을 제거하는 것을 목표로 삼고 있다.

물론 많은 고통을 피하게 해주고 가족의 짐을 덜어주는 의학기술 자체를 문제 삼으려는 것은 아니다. 하지만 선택의 문제를 피해갈 수는 없다. 가족도, 의료기관도, 시민 혹은 윤리적 주체인 개개인 모두가 그렇다. 게다가 이런 문제를 논의할 때는 비난을 퍼붓거나 섣불리 일반화하지 않아야 한다. 옳고 그름을 따질 것이 아니라 쟁점이 무엇인지 정확하게 찾아내는 것이 중요하다. 그리고 무엇보다 선택의 결과를 무시하지 않아야 한다. 선택을 둘러싼 모든 말과 결정이 다양하고 복잡하게 아주 오랫동안 영향을 끼치기 때문이다.

인간의 개념을 묻다

윤리적인 질문을 하게 되면, 행정과 입법을 담당하는 사람들과 장애아 가족 사이에 늘 의견이 엇갈리고 갈등이 생기기 마련이다. 사회는 표준에서 벗어난 구성원을 제거하려는 경향이 있다. 반면에 장애아 가족들은 아이를 있는 그대로 받아들이고 인정해달라고 요구한다. 서로의 의견이 상반돼 합일점을 찾기 힘든 문제가 생긴다.

또 하나, 이런 윤리적인 물음에 장애인들의 목소리가 거의 들리지 않는다는 문제다. 장애인들은 새로운 의학기술들을 어떻게 생각할까? "그런 아이는 세상에 없어야 해." 이 말은 장애인에게 "너는 태어나지 말았어야 했어."로 들린다. 이런 소리를 들으면서 어떻게 살아갈 수 있을까? 장애인이 없어야 한다는 생각에는 장애인이라는 존재가 철저하게 무시되고 있다.

장애문제는 인간의 권리라는 윤리를 바탕에 두고 있다. 하지만 장애가 정확한 인간의 개념을 묻고 있다는 역설이 이 문제의 쟁점이라고 볼 수 있다. 어떤 인간을 말하는 것일까? 무엇에 대한 권리인가? 장애는 그동안 당연하게 받아들인 명백한 개념에 다시 문제를 제기한다. 인간의 권리는 타인에 대한 존중을 목표로 삼고 있다. 그런데 역설적이게도 인간의 권리가 타인을 파괴하는 결과에 이르게 된 것이다. 그 타인이 정말로 너무 낯선 타인이라서, 그리고 그 타인이 다른 타인들을 방해하는 존재라서 말이다.

사람들은 타인의 '다름'을 어느 정도까지 받아들일 수 있을까? 생명윤리는 모든 형태의 악과 고통을 없애는 것을 목표로 삼고 있다. 그런데 장애는 악과 고통을 구체적으로 드러낸다. 어떻게 그 둘을 화해시킬 수 있을까? 장애아들을 없애서 악을 뿌리 뽑아야 할까? 그게 아니라면 이들을 인간으로 받아들이고 존중하고 보호해야 한다. 그리고 장애아들을 받아들이고 보살필 수 있는 확실한 조건들도 갖추어야 한다.

불가능한 선택

"태어나는 것을 선택하지는 않았다."는 말을 자주 듣는다. 아이를 낳기로 선택한 것은 부모이다. 선택으로 인해 생기는 모든 결과를 책임지는 사람도 역시 부모이다. 장애아를 둔 많은 부모들이 자살을 생각하는 것으로 나타나고 있다. "이런 일을 당하면 어떻게 해야 할까요? 어떻게 해야 할지 확신이 서지 않아요. 죽고 싶다는 생각이 드는 때가 한두 번이 아니에요. 내 힘으로는 이 싸움을 그만둘 수 없어요." 한 어머니는 자기도 모르게 자살하고 싶은 생각이 든다면서 이렇게 말했다. 죽음을 선택할 것인가, 아니면 장애를 가지고 태어난 아이를 살리기 위해 고통스럽게 사는 것을 선택할 것인가?

다시 오에 겐자부로 이야기를 해야겠다. 오에 겐자부로는 무거운 짐을 떠안고 갈 것인가 회피할 것인가, 살 것인가 죽을 것인가 하는 진퇴양난의 상황을 탁월하게 묘사했다. 그는 아들이 태어난 뒤 히로시마에 갔다고 한다. "히로시마와 아들의 탄생은 나의 내면의 삶과 긴밀하게 연결되어 있다. 내가 이 아이를 받아들일 역량이 있는지 알고 싶었다. 나는 도망치고 싶었고, 이 아이에게서 멀리 달아나고 싶었다." 오에 겐자부로는 히로시마에서 의사들을 만났다. 그 의사들도 방사능 피해자였다. 끔찍한 병을 이겨내지 못한 한 사람은 자살을 했다. 그리고 또 다른 사람은 계속해서 살아가는 쪽을 선택했고, 방사능 피해자를 치료하는 최초의 의사가 되었다. "이 젊은 의사와 내가 같은 처지라는 생각이 들었다. 그리고 나는 내 아이의 삶과 부딪쳐보기로 작정했다. 이 선택으로 인해 나는 글을 쓰기 시작했다."

죽는 쪽을 선택하느냐 사는 쪽을 선택하느냐, 아이에게 삶을 주느냐 아이를 사라지게 하느냐. 선택의 결과는 극명하게 다르다. 어떻게 보면 선택하는 것이 불가능한 것처럼 느껴진다. 선택은 공허하다. 부모들은 선택을 하지 않아서 생기는 비극에 빠진다. 아이가 장애가 있는 채로 그 자리에 있을 때는 죽음에 대해 생각할지언정 실제 아이가 없다고 생각하기는 불가능하다. 몸이 심하게 망가지고, 아프고, 기형이지만, 살아있어서 부모의 사랑과 손길을 간절히 원하는 아이와 관계를 맺는 순간부터 아이를 사라지게 한다는 모든 생각들은 사라져버린다.

아이와 아무런 관계가 없는 사람들은 장애아에 대해 공격성과 거부를 드러낼 수 있지만 부모는 그런 말을 할 수 없는 처지가 된다. 이것이 근본적인 차이를 낳는다. 장애아와 피와 살로 부딪치는 부모와 공감이나 동일시를 통해 장애아의 처지를 이해하는 장애 관련 종사자나 사회 사이에는 엄청난 차이가 있다. 스스로 선택해서 '그 자리에 있는' 사람은 언제든 그 자리를 떠날 수 있다. 하지만 부모는 선택의 여지가 없다.

"선택할 수 있습니다."라고 부모에게 말하는 것은 깨끗이 지우는 것이 가능하다는 환상을 심어주는 대단히 나쁜 속임수이다. 선택할 수 있다고 말하는 세상에서는 장애아로 인해 생기는 불행에 대응하는 유일한 방식은 불행을 지우는 것이다. "당신은 혼자가 아닙니다."라고 말하는 것이 훨씬 더 중요하지 않을까? 사실 장애아를 둔 가족들은 무의식적으로 수치심에 움츠러든다. 이렇게 움츠러든 채 외롭게 살아가는 비극적 상황이 몇십 년 동안 이어질 수도 있다. 그러므로 장애인과 그 가족들을 대상으로 한 사회적 나눔의 개념을 도입하고 추진하는 것이 굉장히 중요하다.

하지만 사회는 장애아 가족의 일상적인 문제나 여러 가지 부담에 관심을 기울이기보다 윤리적 문제에 더 많은 힘을 쏟는다. 장애인 쉼터 부족 문제를 거론하기보다는 장애진단의 의학기술이나 안락사 문제에 더 집중한다. 이는 장애인 부모가 겪는 시련을 부모 혼자서 헤쳐나가도록 내버려두겠다는 태도나 다름없다.

에필로그

모든 인간은 유일하다

오로지 하나의 인류가 있을 뿐이다.

로베르 앙텔름

나는 이 책을 감언이설로 끝내고 싶지 않다. 감언이설은 솔직하지 못한 반응을 감추기 위해서 하는 말이기 때문이다. 나는 장애인을 통합하고, 장애인들과 조화를 이루어 살아가고, 장애인을 돌보고, 장애인의 능력을 키워주는 일을 '해야 한다' 거나 '하면 된다'는 말로 이 책의 결론을 내리고 싶지 않다. 나는 가정에서든 어린이집에서든 사회에서든 장애아를 받아들이기가 왜 그렇게 어려운지 그 이유를 보여주고 싶다. 그러려면 사람들이 느끼는 두려움을 이해해야 한다.

사람들이 장애인에 대해 침묵하고 회피하고 편견에 사로잡힌 채 위선적인 태도를 취하고, 그들을 위해 아무런 행동도 하지 않는 것은 모두 두려움 때문이다. 그러니 정말 오해하지 말았으면 한다. 나와 너무나도 다른 존재와 마주치면 사람들은 누구나 무의식적으로 두려워하고 거부하는 반응이 나타난다. 그래서 장애인을 보면 두려워하고 눈을 돌리게 되는 것이다.

관용은 사색과 성찰이라는 기나긴 정신작업을 거친 뒤에야 나타난다. 그래서 가장 먼저 나타나는 반응은 나와 너무나도 다른 존재를 사라지게 하는 일이다. 방법은 여러 가지가 있다. 그를 잊어버리는 방법도 있고, 거부하는 방법도 있다. 시선을 피하면 된다. 아니면 그냥 이야깃거리로 만들어버리든가, 수용소 울타리 안에 가두면 된다. 가두는 울타리는 벽돌로 만들어진 실제 수용소 벽뿐만 아니라, 말이나 시선이 만들어내는 벽도 있다.

남을 죽이는 시선이 있다. 남을 가두는 말이 있다. 무관심을 드러내는 사회적 행동이 있다. 휠체어가 다닐 수 있도록 도시를 정비하지 않는 것, 장애인에게 일자리를 보장하지 않는 것, 장애아들을 위한 돌봄시설보다, 장애예방과 장애인들의 불임수술에 재정과 노력을 쏟아붓는 것이 모두 무관심을 드러내는 사회적 행동이다.

선의를 가장한 미움도 있다. 장애인들을 보호한다는 미명 아래 가두고 수동적인 처지에서 벗어나지 못하게 만드는 사람들과 이들에게 동조하는 사회가. 정신적 차원에서는 주체의 지위를 빼앗고, 정치적 차원에서는 권리를 요구할 방법을 빼앗아버린다. 장애인은 단지 소극적인 희생양, 동정의 대상, 인지하고 행동하는 모든 수단을 빼앗긴 존재가 된다. 그렇게 되면 장애인과 그 가족들은 불행한 운명의 희생자가 될 수밖에 없다. 자기 삶을 적극적으로 개척하지 못해 자신이 살아온 날들의 의미를 발견할 수 없게 된다.

자신이 누구인지 말할 수 있는 사람은 행복하다. 자기가 어떤 사람이고. 어디에서 왔고, 어디로 가고 있는지 알고 있기 때문이다. 적어도 자신이 알고 있다고 확신하기 때문이다. 이런 사람은 정체성도 확고하다. 자기 부모, 자기 나라, 자기 모국어를 알고 있다. 선조에게 받았던 것들을 후손에게 물려준다. 가계의 흐름에 어떤 단절도 없다. 확신에 차서 그리는 자신의 얼굴은 어느 한 부분의 일그러짐도 없이 반듯하다. 하지만 이것이 인간적인 모습일까?

그렇다면 복잡한 삶의 여정으로 인해 혼란 속에서 살아온 인간의 경험들은 어떻게 할 것인가? 아버지를 모르는 사람, 모국어가 어떤 것인지도 모른 채 여러 언어를 사용하는 사람, 추방

당한 사람, 혼혈인 등등. 사람들은 이들에게 '정체성에 문제가 있다'고 말한다. 정체성에 문제가 없는 사람이 있을까?

정체성이란 늘 불확실하고 역설적이며 모순되고 복잡하다. 정체성은 살아가면서 겪게 되는 다양한 상황들과 대면하며 끊임없이 새롭게 검토된다. 그렇다고 한 사람의 정체성이 사회학적인 결정론이나 역사적인 우연성에 의해 결정될 수도 없다. 자아의 일부분은 이질적이며, 항상 이질적인 채로 남아있을 것이다. 인간 정신은 이질적인 영역들로 이루어져 있다. 인류의 이타성異他性을 이해하려면, 인간의 이런 이질적인 특성을 인식해야 한다.

인류의 이타성이란 말이 모순이 아니냐고 내 말에 반대하는 사람들도 있을 것이다. 그렇지만 그것이 바로 내가 장애를 가진 사람들을 만나면서 얻은 교훈이다. 같은 것과 다른 것을 대립시키는 이분법의 함정에 빠지지 말자. 완전히 나와 똑같은 사람은 없다. 그렇다고 나와 근본적으로 무관한 사람도 없다. "오로지 하나의 인류가 있을 뿐이다."

모든 인간은 유일하다. 유일성에 자리를 내어주자. 유일성은 같은 것과 다른 것의 범주로 설명할 수 없다. 그리고 유일성은 자신을 통합하게도, 배제하게도 내버려두지 않는다. 각 개인의 유일함이 그가 이 세상에 속해있음을 설명해준다. 유일성이 보편성이다.

Le Miroir brisé by Simone Korff-Sausse
Copyright© Editions Calmann-Lévy, 1996
Korean translation copyright©2016, Hanulim Publishing Co., Ltd.
This Korean edition is published by arrangement with Editions Calmann-Lévy through Bookmaru Korea literary agency in Seoul. All rights reserved.

이 책의 한국어판 저작권은 북마루코리아를 통해 Editions Calmann-Lévy와의 독점계약으로 ㈜도서출판 한울림이 소유합니다. 신저작권법에 의하여 한국내에서 보호를 받는 저작물이므로 무단 전재와 복제를 금합니다.

시선의 폭력 편견사회에서 장애인권 바로보기

글쓴이 | 시몬느 소스   옮긴이 | 김현아   편집 | 곽미순   디자인 | 김민서
펴낸곳 | ㈜도서출판 한울림   펴낸이 | 곽미순
출판등록 | 2008년 2월 13일(제2021-000316호)
주소 | 서울특별시 마포구 희우정로16길 21
대표전화 | 02-2635-1400   팩스 | 02-2635-1415
블로그 | blog.naver.com/hanulimkids   인스타그램 | www.instagram.com/hanulimkids

첫판 1쇄 펴낸날 | 2016년 1월 11일   4쇄 펴낸날 | 2025년 3월 28일
ISBN 978-89-93143-48-5   13330

* 한울림스페셜은 ㈜도서출판 한울림의 장애 관련 도서 브랜드입니다.
* 잘못 만들어진 책은 바꿔드립니다.